पूर्णतया संशोधित एवं परिवर्द्धित संस्करण

सदा खुश कैसे रहें

(How to Remain Ever Happy)

मूल लेखक

इंजी. एम.के. गुप्ता

हिन्दी अनुवाद

सुरेन्द्रनाथ सक्सेना

पुस्तक महल®

पुस्तक महल®
प्रशासनिक कार्यालय एवं विक्रय केन्द्र
J-3/16, दरियागंज, नई दिल्ली-110002
☎ 011-23276539, 23272783, 23272784, 23260518
E-mail: info@pustakmahal.com
Website: www.pustakmahal.com

शाखा

बंगलुरु: ☎ 080-22234025, 40912845
E-mail: pustakmahalblr@gmail.com

ISBN 978-81-223-0085-7

संस्करण : 2026

मुद्रक : शर्मा प्रिंटर्स, दिल्ली

लेखकीय

इस पुस्तक को लिखने की मेरी कोई विशेष योजना नहीं थी। कारण ये कि लिखने की बजाय मेरी रुचि पढ़ने में ज्यादा है। पढ़ते समय मुझे ऐसे विषय ज्यादा अच्छे लगते हैं, जो हमारी, एक आम आदमी की, विभिन्न समस्याओं का खुलासा कर उसका एक निश्चित समाधान सुझाते हों। सिर्फ रोगों के बारे में जानकारी देकर अपनी जिम्मेदारी को पूरा मान लेने वाले साहित्य के प्रति मेरी कतई निष्ठा नहीं है। ऐसा साहित्य व्यक्ति को नकारात्मक (Negative) सोच देता है, जो कि किसी भी तरह से, किसी के लिए भी हितकर नहीं है। मुझे यहां यह बताने में कोई हिचक नहीं हो रही कि शौक-शौक में जीवन को सकारात्मक दृष्टि से देखने वाले– योग, अध्यात्म, मानवमस्तिष्क और प्राकृतिक चिकित्सा आदि विषयों पर लगभग एक हज़ार से अधिक पुस्तकें मैं पढ़ चुका हूं।

मेरी इस बात से तो आप भी सहमत होंगे कि किताब के पन्नों पर छपे शब्द जब एक विशेष प्रक्रिया द्वारा दिलो-दिमाग में बैठते हैं, तो उनकी प्रतिक्रिया मानस पटल पर कुछ-न-कुछ, किसी-न-किसी रूप में अवश्य होती है। शायद ऐसा ही कुछ मेरे साथ भी हुआ। अपनी संजोई जानकारी के अनुभव को आप सभी में बांटने की तड़प ने मुझसे कलम उठवाई और अपने अनुभवों व विचारों को मैंने पन्नों पर उंडेल दिया। जब कलम रुकी, तो मुझे महसूस हुआ कि पन्नों में बिखरे शब्द एक पुस्तक का रूप लेने को उतावले थे। एक अच्छी पुस्तक को सुव्यवस्थित प्रारूप देने के लिए जो कुछ भी जरूरी होता है, मैंने पूरा किया और अपने-आपमें बिल्कुल अलग पुस्तक तैयार हो गई। यह पुस्तक अंग्रेजी में लिखी गई थी, जो इसी प्रकाशन संस्थान, पुस्तक महल से **'How to Remain Ever Happy'** के नाम से प्रकाशित हुई। उसी का, श्री सुरेन्द्रनाथ सक्सेना द्वारा अनूदित, हिंदी संस्करण अब आपके हाथ में है।

क्योंकि पुस्तक मेरे विचारों और अनुभवों की सहज अभिव्यक्ति है, इसके लिए मुझे कोई खास प्रयत्न नहीं करना पड़ा, इसलिए इसकी भाषा का सरल होना और कथ्य का स्पष्ट होना भी स्वाभाविक है। इसे संवारते समय मैंने इस बात का विशेष ध्यान रखा है कि विषय के प्रतिपादन में दार्शनिकता का पुट कतई न हो। विषय नीरस न हो, इसलिए पुस्तक को छोटे-छोटे शीर्षकों में बांटा गया है। पुस्तक को आप किसी भी पृष्ठ से खोल कर पढ़ सकते हैं। इससे आपको कहीं भी ऊब या थकावट महसूस नहीं होगी; बल्कि आप लगातार पुस्तक के साथ बहते चले जाएंगे। इसके

सभी शीर्षक अपने-आपमें स्वतंत्र हैं। शीर्षकों के केंद्रीय विचारों को थोड़ा गहरा इसलिए कर दिया गया है, ताकि पढ़ते समय आपका ध्यान अनचाहे ही उस ओर जाए और जब भी आप उन्हें दोहराना चाहें, आराम से दोहरा सकें। यदि पढ़ते समय आपको ऐसा लगे कि एक ही विषय को दोहराया जा रहा है, तो आप इसे भूल न समझें, ऐसा मैंने जानबूझ कर किया है, ताकि उस विशेष विचार का प्रभाव आपके मन में भीतर तक पड़े। किसी भी अभ्यास को पक्का करने के लिए क्या यह जरूरी नहीं होता कि उसे बार-बार दोहराया जाए?

पुस्तक को आप सरसरी तौर पर न पढ़ें, बल्कि शांतभाव से एकांत में बैठकर पढ़ें, ताकि जिसे पाने के लिए आप इसे पढ़ रहे हैं, वह आपको मिले। यह मेरा आपसे व्यक्तिगत तौर पर अनुरोध है, क्योंकि छिछले अध्ययन से थोड़े समय के लिए मनोरंजन तो हो सकता है पर ठोस और टिकाऊ वस्तु की प्राप्ति नहीं होती।

आपके सुझावों का, आपकी प्रत्येक प्रतिक्रिया का हार्दिक स्वागत है। किसी विषय पर आप कुछ अतिरिक्त जानकारी प्राप्त करना चाहें, तो आप मुझसे व्यक्तिगत रूप से, डाक अथवा दूरभाष द्वारा संपर्क कर सकते हैं। डाक द्वारा जवाब प्राप्त करने के लिए कृपया डाक टिकट लगा व पता लिखा लिफाफा भेजें, इससे मुझे सुविधा रहेगी। मैं अपने पाठकों को यह भी बताना चाहूंगा कि इस पुस्तक का अनुवाद अब बंगला, असमी, मराठी और तमिल भाषाओं में भी हो गया है।

परमात्मा करे कि आप इस पुस्तक से आनंद और लाभ प्राप्त करें, इन्हीं कामनाओं के साथ–

—Er. M.K. Gupta

Inter-University Accelerator Centre (IUAC)
(Formerly Nuclear Science Centre)
Near Vasant Kunj
J.N.U. Campus
New Delhi-110067
Tel.: 26893955, 26892601
E-mail: *mkg@iuac.ernet.in*

अनुवादक की ओर से

श्री एम.के. गुप्ता की पुस्तक–*How to Remain Ever Happy*–का अनुवाद करते समय जहां मुझे इस बात का अनुभव हुआ कि दार्शनिक कहे जाने वाले विषयों को भी यदि लेखक चाहे तो आम वैचारिक स्तर और आम भाषा में कह सकता है, वहीं यह सुखद आश्चर्य भी हुआ कि यदि अनुवादक और लेखक के विचारों की गाड़ी एक-सी यानी एक ही पटरी पर चलने वाली हो और चल निकले, तो पता ही नहीं चलता कि यात्रा कब समाप्त हो गई।

श्री गुप्ता द्वारा सुझाए गए जीवन के सूत्रों को पढ़कर महसूस हुआ कि जीवन का सच्चा दर्शन वैचारिक उठा-पटक से परे का, हमारे इर्द-गिर्द रोज का भोगा जाने वाला सत्य है–मृदु और कटु सत्य।

यह पुस्तक हमारी उनींदी चेतना को थपकी देकर दुलार कर जगाती है और संदेश देती है सोच में एक हलकी-सी करवट लेने का, दृष्टि को जीवन के दुखद पक्ष से मोड़ कर सुखद-सरस कोण पर केंद्रित करने का और यह मोड़ हमें सिखाता है अपने अनमोल जीवन को जिंदादिली और हंसी-खुशी से गुजारने की महानतम कला।

आज बाजार में व्यक्तित्व निखारने के नाम पर बाहरी रख-रखाव व सुधार को समझाने-बुझाने वाला बहुत कुछ, बहुत रूपों में उपलब्ध है, पर उस बहु-विध और बहुरूपिए को इस मायने में भीड़ कहा जा सकता है, क्योंकि उसके सारे तामझाम व प्रारूप की जड़ें विदेशी हैं, भारतीय नहीं, और इन्हीं भारतीय संस्कारों से जुड़े रह कर परम व्यावहारिक सूत्रों को बताना इस पुस्तक को उन सबसे अलग करता है।

इसमें सभी धर्मों की शिक्षाओं का सार और सदा खुश रहने के लिए आवश्यक मनोवैज्ञानिक सत्यों को बहुत सरल तथा प्रवाहमयी भाषा में समझाया गया है।

मुझे विश्वास है कि लेखक का यह अनोखा प्रयास आपको पसंद आएगा।

–सुरेन्द्रनाथ सक्सेना

ब्लॉक डी.ए.-254,
शीशमहल अपार्टमेंट्स,
शालीमार गांव के निकट,
शालीमार बाग, दिल्ली-110088

विषय-सूची

खुशी क्या है?

इस रोचक विषय पर विचार करने से पहले हमें इस महत्वपूर्ण बात को अच्छी तरह समझ लेना होगा कि खुशी और दुख मूलरूप से हमारे मन की दशाएं हैं और आवश्यक नहीं कि वे बाहरी परिस्थितियों या दशाओं पर निर्भर करें। दूसरे शब्दों में, हमारे ये भाव मन के अंदर से आते हैं, बाहर से नहीं। उदाहरण के लिए, एक ही स्थिति में दो व्यक्ति दो अलग-अलग तरीके से प्रतिक्रिया कर सकते हैं। उसी परिस्थिति में एक व्यक्ति बहुत तनाव और परेशानी अनुभव कर सकता है, जबकि दूसरा उससे शांतिपूर्वक और प्रसन्नता से निबट सकता है।

अतः हमारा सुख या दुख बाहरी परिस्थितियों पर नहीं वरन् उन परिस्थितियों के प्रति हमारे मन की प्रतिक्रिया पर निर्भर करता है। ***यह कहना अतिशयोक्ति नहीं होगी कि मानसिक दृष्टिकोण ही जीवन में सब कुछ है।*** इसलिए सदा सुखी रहने के लिए हमें अपने मानसिक दृष्टिकोण को ही व्यवस्थित करना होगा। संक्षेप में, सुखी रहने का यही सार है। अपने मानसिक दृष्टिकोण को पुनर्व्यवस्थित करने के लिए हमें अपना मानसिक बल और इच्छा-शक्ति भी बढ़ानी होगी।

इस पुस्तक में आपके मानसिक दृष्टिकोण को बदलने तथा आपके मन की सामर्थ्य और इच्छा-शक्ति को बढ़ाने के लिए मैं कुछ उपाय बता रहा हूं जिन्हें अपनी रोजमर्रा की जिंदगी में अपनाकर आप सदा सुखी, शांत और संतुलित रह सकते हैं।

अपने विचारों को आप तक पहुंचाने के लिए मैंने बहुत व्यावहारिक तरीका अपनाया है और शब्दावली तथा भाषा भी आम आदमी द्वारा प्रयोग की जाने वाली अपनाई है, जिससे आप गूढ़ सिद्धांतों या दर्शन में पड़े बिना मेरी भाषा के साथ बहते चले जाएं।

कृपया इस बात का ध्यान रखिए कि ये केवल सैद्धांतिक उपदेश नहीं हैं बल्कि इनकी सत्यता को असंख्यों ऐसे लोग आजमा चुके हैं, जो सदा सुखी रहने के रहस्य को भली प्रकार जानते थे।

मेरी सलाह है कि आप इन्हें अपने मन में बैठा लेने और इनसे अधिक-से-अधिक लाभ उठाने के लिए पुस्तक को बार-बार पढ़ें। इसके साथ ही प्रत्येक अध्याय को पढ़ने के बाद उस पर स्वयं भी विचार करें।

1. एकाग्रता

शारीरिक व्यायाम जिस प्रकार शरीर की शक्ति को बढ़ाता है, एकाग्रता उसी प्रकार मन की शक्ति को बढ़ाती है। शक्तिशाली मन जीवन की कठिनाइयों या संकटों का सामना करते हुए घबराता नहीं। एकाग्रता की शक्ति का विकास करने के लिए जो भी कार्य आप कर रहे हों, उसमें पूरी तरह अपने मन को लगा लेना चाहिए, चाहे वह कितना भी छोटा हो। उस समय अपने कार्य और उससे संबंधित चीजों के सिवाय आपको सारे संसार को भुला देना चाहिए। उदाहरण के लिए, मान लीजिए कि यदि किसी समय आप कोई फल ही खा रहे हैं, उस समय आपको फल के एक-एक टुकड़े का पूरा स्वाद लेना चाहिए। आपका पूरा ध्यान उस फल पर केंद्रित होना चाहिए। अगर आप स्नान कर रहे हैं तो आपको पूरा ध्यान स्नान करने की क्रिया और उससे मिलने वाले आनंद की ओर लगा देना चाहिए। अगर आप एक पुस्तक पढ़ रहे हैं, उस समय सब कुछ भूलकर उसमें खो जाइए। आपको अरुचिकर या कठिन विषयों पर भी अपना ध्यान केंद्रित करने का अभ्यास करना चाहिए ताकि मन पर सच्चा नियंत्रण पाया जा सके।

दूसरे शब्दों में, एकाग्रता का अर्थ वर्तमान क्षण में जीना है। जीवन में खुशी तथा सफलता पाने के लिए यह बहुत आवश्यक है।

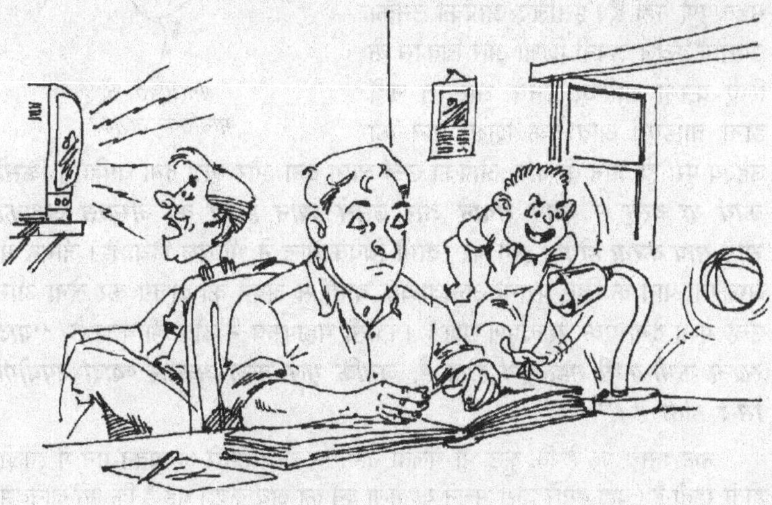

2. अनासक्ति और भूलने की क्षमता

एकाग्रता के साथ ही आपको अपने ध्यान को किसी वस्तु या कार्य से पल भर में हटा लेने की शक्ति का भी विकास करना चाहिए। कुछ लोग किसी काम में पूरी एकाग्रता से लग सकते हैं, लेकिन वे दूसरा कार्य आने पर अपने ध्यान को पहले वाले कार्य से हटाने में कठिनाई अनुभव करते हैं। इस परिवर्तन के लिए उन्हें कुछ समय की जरूरत पड़ती है। इससे केवल यह प्रकट होता है कि कुछ चीजों के लिए हमारे अंदर एक अनावश्यक लगाव पैदा हो जाता है, जो कि वास्तव में होना नहीं चाहिए।

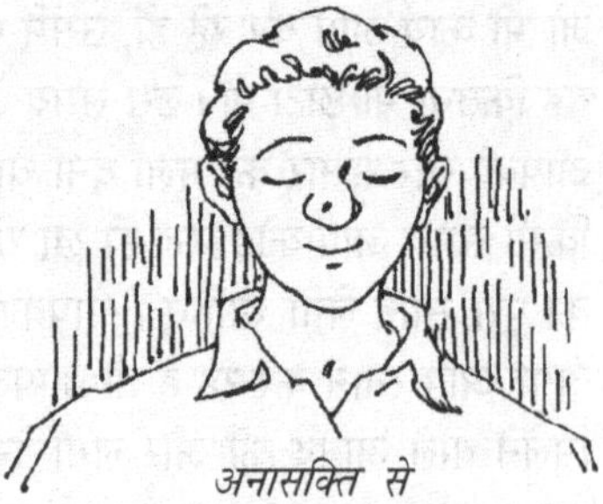

अनासक्ति से मानसिक शांति

इस बात का सदैव ध्यान रखिए कि यह संसार एक महान प्रशिक्षणशाला या ट्रेनिंग स्कूल है। विभिन्न सांसारिक वस्तुओं और घटनाओं का महत्व केवल इसमें है कि वे हमारे विकास के लिए आवश्यक प्रशिक्षण (ट्रेनिंग) या सबक देती हैं। वे अपने-आपमें महत्वपूर्ण नहीं हैं। इसलिए आपको उनका उपयोग केवल अपनी शिक्षा और विकास के लिए करना चाहिए, उनमें आसक्त नहीं होना चाहिए। आवश्यक शिक्षा पाने का उद्देश्य पूरा हो जाने के बाद, आपको उन्हें त्याग देना और भुला देना चाहिए। ***किसी कार्य या वस्तु में ध्यान लगाने और उससे ध्यान हटाने का अभ्यास आपको साथ-साथ करना होगा।*** इसी पर स्वामी विवेकानन्द ने भी बल दिया है। जीवन में सफलता पाने के लिए पुरानी अनावश्यक बातों से अपने को अलग कर लेना और उन्हें भुला देना एक महत्वपूर्ण गुण है। किसी महापुरुष ने ठीक ही कहा है, ***"याद रखना कभी-कभी महत्वपूर्ण होता है, जबकि भूल जाना अकसर ज्यादा उपयोगी सिद्ध होता है।"***

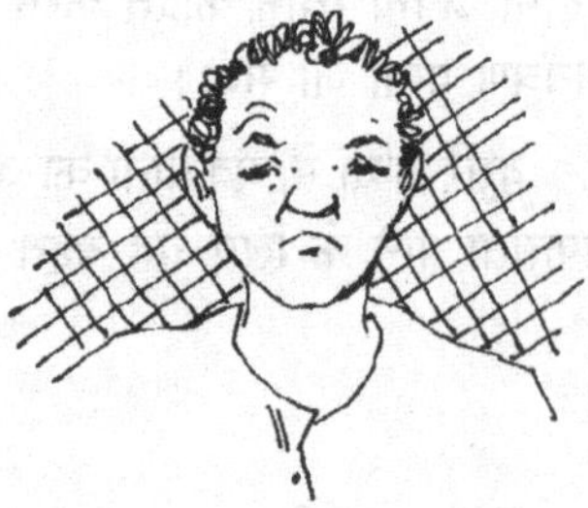

अनासक्ति से मानसिक अशांति

नोट : सच यह है कि कुछ भी भूलता नहीं, हर चीज हमारे अवचेतन मन में इकट्ठी होती रहती है। यहां हमारे द्वारा भूलने या भुला देने का अर्थ केवल यह है कि हमें जानबूझ कर पुरानी कड़वी बातों को अपने चेतन मन में लाने की कोशिश नहीं करनी चाहिए।

3. विचारों को व्यवस्थित कीजिए

समय-समय पर, इस बात पर ध्यान दीजिए कि आपका विचार करने का तरीका योजनाबद्ध और व्यवस्थित हो, न कि बेतुका और अव्यवस्थित। बिना किसी उद्देश्य के अव्यवस्थित रीति से विचार करना, दिवास्वप्न देखना, हवाई ख्याल बनाना आदि कमजोर मन के लक्षण हैं। इनसे यह पता चलता है कि आप अपने अवचेतन मन (मन का वह भाग जहां आपकी सभी कामनाएं, प्रवृत्तियां, लालसाएं आदि एकत्रित होती रहती हैं) को नियंत्रित करने की बजाय उससे नियंत्रित हो रहे हैं। आपका चेतन मन पूरी तरह सक्रिय रहना चाहिए, उसमें पूरी जागरूकता रहनी चाहिए और उसे एक मालिक की तरह अवचेतन मन को नियंत्रित करना चाहिए। उद्देश्यहीन कपोल कल्पनाएं करने, दिवास्वप्न देखने या हवाई ख्यालों में उड़ने से आप अपने अवचेतन मन को चेतन मन पर हावी हो जाने के लिए उत्साहित करते हैं। इसलिए यह ध्यान रखिए कि वही विचार आपके मन में रहे, जो वास्तव में आप उस क्षण रखना चाहते हैं।

एक सर्वेक्षण से यह पता चला है कि व्यक्ति के जीवन का काफी हिस्सा बेकार के विचार या कल्पनाएं करने में नष्ट हो जाता है, जबकि उस समय का आसानी से अच्छे कार्यों में उपयोग किया जा सकता है।

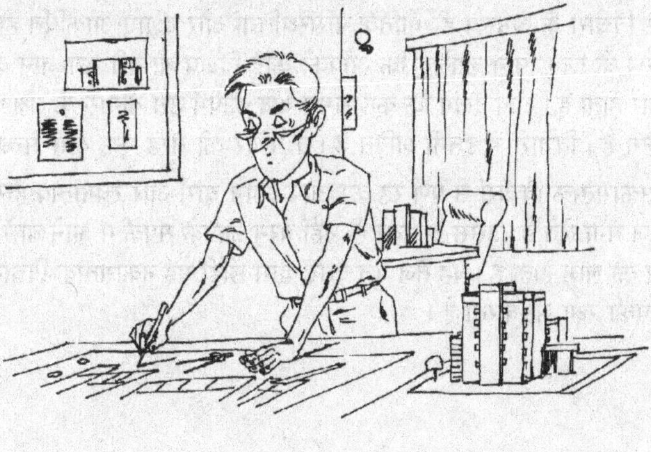

4. सकारात्मक विचार

हम अपने जीवन में उसके जिस पक्ष को सबसे कम महत्व देते हैं, वह है हमारे विचार करने का तरीका, जबकि हमारे चरित्र तथा व्यक्तित्व के निर्माण में यह एकमात्र सबसे प्रभावशाली कारक है।

हर बात या घटना को सकारात्मक रूप से देखने की आदत का विकास करिए, चाहे वह कितनी ही दुखपूर्ण क्यों न हो। नकारात्मक विचारधारा मनोमस्तिष्क को कमजोर कर देती है। उसे बेचैन, उत्तेजित और दूषित बना देती है। अपने मानसिक रुख और दृष्टिकोण को पुनः व्यवस्थित करके प्रत्येक नकारात्मक स्थिति को सकारात्मक रूप में बदल दीजिए। यह कैसे किया जाए, इसके लिए एक उदाहरण देता हूं। मान लीजिए, कोई आपको गाली देता है या गुस्से में गलत छींटाकसी करता है, उस समय केवल यह विचार करिए कि वह व्यक्ति अभी पूरी तरह से समझदार नहीं हुआ है या उसकी मनोदशा अभी ठीक नहीं है। इसीलिए वह ऐसी बातें कर रहा है। लेकिन उस व्यक्ति के लिए किसी तरह के बुरे विचार अपने मन में न लाइए। यह हुआ एक सकारात्मक रुख या रवैया।

इसके अतिरिक्त अपने विचारों को सकारात्मक बनाकर आप अपनी ओर ऐसी भौतिक परिस्थितियों और वातावरण को आकर्षित करते हैं, जो आपकी सहायक बनती हैं। इसका कारण यह है कि आध्यात्मिक नियम के अनुसार आपकी ओर आपके विचारों के अनुरूप ही भौतिक परिस्थितियां और दशाएं आकर्षित होती हैं। उदाहरण के लिए, मान लीजिए कि आपको कोई विशेष बीमारी लग जाने का भय बार-बार होता है। आप देखेंगे कि कुछ समय बाद आपमें उस बीमारी के लक्षण प्रकट होने लगे हैं। विचारों में इतनी शक्ति है। वे पत्थर की तरह एक ठोस सच्चाई हैं।

सकारात्मक विचारों से पूर्ण रह कर आप अपने चारों ओर रचनात्मक तरंगों का तेज पुंज बना लेते हैं। इससे आपको ही नहीं वरन् आपके संपर्क में आने वाले प्रत्येक व्यक्ति को लाभ होता है। यह तेज पुंज दूसरों द्वारा छोड़ी गई नकारात्मक विचार तरंगों से आपकी रक्षा भी करता है।

नोट : विचारों की प्रकृति और प्रभाव तथा चेतन और अवचेतन मन की कार्य प्रणाली के विषय में अधिक जानकारी के लिए कृपया मेरी पुस्तक ***'तनाव-मुक्त कैसे रहें'*** पढ़ें।

5. भावनात्मक लगाव को कम करिए
जीवन को सरलता से लीजिए

हमारे कष्टों और दुखों का मूल कारण यह है कि हम जीवन की विभिन्न स्थितियों, परिस्थितियों और घटनाओं में उनके साथ भावनात्मक लगाव अनुभव करने लगते हैं। हमें संसार में एक दर्शक की तरह सब वस्तुओं और परिस्थितियों को देखते हुए यह अनुभव करना चाहिए कि वे हमसे अलग हैं। हमारा उनके साथ अस्थायी संबंध है, स्थायी नहीं।

सांसारिक वस्तुओं के साथ हमारे भावनात्मक लगाव का कारण यह है कि हम उन्हें बहुत अधिक गंभीरता से लेने लगते हैं, हमें ऐसा नहीं करना चाहिए। ***हमें यह तथ्य समझना चाहिए कि कोई भी समस्या या कठिनाई हमेशा रहने वाली नहीं है। वे सब एक दिन गुजर जाएंगी, यही प्रकृति का अटूट नियम है। हर चीज निरंतर परिवर्तन और गतिशीलता की स्थिति में है। यहां कुछ भी स्थायी और एक-सा नहीं रहने वाला।***

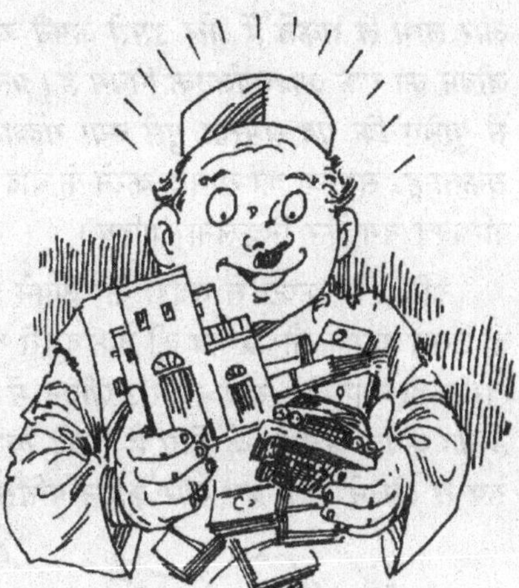

वस्तुओं को गंभीरता से लेने से हमारे अवचेतन मन पर गहरे प्रभाव या संस्कार बन जाते हैं। इसका फल यह होता है कि विभिन्न वस्तुओं के संबंध में हमारे मन में उनके पक्ष या विपक्ष में तरह-तरह के मोह और द्वेष के भाव विकसित हो जाते हैं। इससे संसार की वस्तुओं की सच्चाई को निष्पक्ष भाव से देखने की हमारी शक्ति कम हो जाती है। दूसरे शब्दों में, मोह, घृणा, द्वेष, ईर्ष्या, पसंदगी और नापसंदगी आदि भावों को धीमे-धीमे समूल समाप्त कर देना चाहिए। इससे मन पक्षपातहीन और मोह से मुक्त होकर जीवन के संकटों और कठिनाइयों में भी शांत, गंभीर और संतुलित बना रहेगा।

6. समस्याओं और कठिनाइयों का स्वागत करिए

जीवन में जिन समस्याओं, कष्टों और पीड़ाओं का आप सामना करते हैं, उनके प्रति आपको यह दर्शन विकसित करना चाहिए कि वे परिस्थितियां आपको भयभीत करने के लिए नहीं आई हैं। वास्तव में, आपके व्यक्तित्व को विकसित और मजबूत करने के लिए उस क्षण उन्हीं पीड़ाओं तथा कष्टों की आवश्यकता है। वे हमारी परीक्षा और परख करने के लिए आई हैं। ऐसे अवसरों पर आपको उनका विरोध करने के बजाय कुछ क्षण रुक कर अपना आत्मपरीक्षण तथा निरीक्षण करना चाहिए और उनसे आवश्यक शिक्षा लेनी चाहिए। ***आप जीवन की प्रत्येक कठिनाई/समस्या से शिक्षा और लाभ ले सकते हैं और उससे अपने व्यक्तित्व का विकास कर सकते हैं। यह जीवन का एक आश्चर्यजनक नियम है। प्रत्येक संकट और कठिनाई में अपने आप से पूछिए कि यह समस्या मुझे क्या संदेश देती है तथा इससे मैं क्या लाभ उठा सकता हूं?*** समस्या का सामना करने के बाद आपको पहले से अधिक बुद्धिमान और परिपक्व बन कर निकलना चाहिए।

यदि आप कष्टों से घबड़ा कर अपने या दूसरे पर दोष लगाना शुरू कर देंगे तो उससे कारण और प्रभाव की एक दूसरी शृंखला बनने लगेगी, जिससे स्थिति और खराब हो जाएगी। ***याद रखिए! जीवन में जो भी बात आपके साथ घटित होती है वह केवल अच्छाई के लिए है। यदि गहराई से विचार करें तो पाएंगे कि प्रकट रूप से दीखने वाली क्रूर और कठिन परिस्थितियों में भी परमात्मा की अपार कृपा***

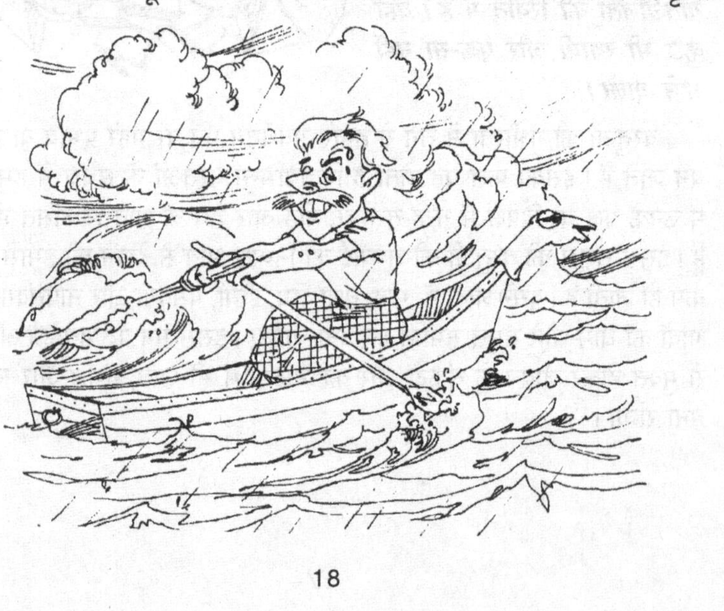

छिपी रहती है। यही कारण है कि ज्ञानवान व्यक्ति समस्याओं का सामना करने पर भी परमात्मा को धन्यवाद देता है और उन्हें परमात्मा का प्रसाद समझता है। वे परमात्मा के निर्णय पर शंका नहीं करते वरन् किसी भी चीज की बिना उपेक्षा किए और प्रत्येक वस्तु को स्वीकार करते हुए उसके निर्णयों के अनुकूल चलते रहते हैं।

परमात्मा ने आपको ठीक उस स्थान पर रखा है, जिसके कि आप योग्य हैं। वास्तव में, आपको अपना विकास करने के लिए या अपने कुछ कर्मों का संतुलन करने के लिए उस जगह की आवश्यकता है। यदि आप अपनी वर्तमान भूमिका को कुशलता से निभाते हैं, तो आपको अपने आप ही उससे ऊंचे स्थान पर जगह दे दी जाएगी। यह सब परमात्मा के अटूट नियमों के अनुसार होता रहता है।

7. हर बात का कोई कारण अवश्य होता है, कुछ अचानक नहीं होता

स्मरण रखिए कि हर बात का कोई-न-कोई कारण होता है। संयोग या दुर्घटना से कुछ भी घटित नहीं होता। पूरे विश्व में एक निश्चित व्यवस्था है और प्रत्येक वस्तु कारण तथा प्रभाव के संबंध से बंधी हुई है। प्रत्येक प्रभाव किसी न किसी कारण से होता है। इस समय आप पर जो कुछ घट रहा है या जिस स्थिति से आप गुजर रहे हैं उसका कारण यह है कि आपने अपने भूतकाल में कुछ कारणों को सक्रिय कर दिया था, जो अब प्रभाव के रूप में धीरे-धीरे फलित हो रहे हैं। वे जब तक धीरे-धीरे अपना पूरा प्रभाव नहीं दिखा देंगे और आप द्वारा नए कारण नहीं बनाए जाएंगे, आप सदा सुखी और मुक्त नहीं हो सकेंगे।

ऊपर लिखे ज्ञान के अनुसार जीवन की समस्याओं और घटनाओं का सामना करने के लिए अपना मानसिक रवैया बदलिए। उन्हें अज्ञात स्थान से आने वाला कोई सिरदर्द मत समझिए। सभी समस्याओं को अपने विकास का साधन समझिए। ***कर्म के बंधन से मुक्त होने के लिए सफलता-असफलता, लाभ-हानि, प्रशंसा-निंदा में अपने मन को संतुलित रखिए। कोई घटना या प्रसंग इतना महत्वपूर्ण नहीं होता, जितना कि उसके प्रति आपकी मानसिक प्रतिक्रिया या रवैया।***

अतः यह ठीक ही कहा गया है कि ***संसार न अच्छा है और न बुरा। यह इस बात पर निर्भर करता है कि आप उसे कैसे देखते हैं*** या दूसरे शब्दों में यह आपकी मानसिक स्थिति पर निर्भर करता है। ***जो कुछ आपके अंदर है, वही बाहर भी दिखाई देता है।***

8. मौन, एकांत और आत्मनिरीक्षण

नियमित रूप से प्रतिदिन कुछ समय अपने लिए निकालिए जिसमें आप कुछ समय एकांत व मौन में रह सकें। इस समय को पूरी तरह अपने लिए रखिए। इस समय अपना आत्मविश्लेषण करने का प्रयत्न करिए, विचारिए कि किन क्षेत्रों में आपको अपना सुधार करने या अपने को शक्तिशाली बनाने की आवश्यकता है, किन क्षेत्रों में आप गलतियां या भूलें कर रहे हैं। इस आत्मविश्लेषण के आधार पर आत्मसुधार करने के लिए अपने को सुझाव दीजिए।

मौन के द्वारा आप मानसिक शक्ति का संरक्षण करते हैं। सदैव कम बोलिए, धीमे और मधुर स्वर में बोलिए तथा विषय के अनुसार बोलिए। कभी ऊंचे स्वर में और बहुत ज्यादा मत बोलिए। अनावश्यक वाद-विवाद, तर्क-वितर्क और गप्पों में मत पड़िए। ***बेकार के वाद-विवाद में काफी शारीरिक तथा मानसिक शक्ति नष्ट हो जाती है। अपनी आध्यात्मिक उन्नति करने के लिए इस शक्ति को बचाना अत्यंत आवश्यक है। अगर किसी वाद-विवाद से क्रोध या तनाव पैदा होने वाला हो, तो उसे उसी जगह बंद कर देने में ही बुद्धिमानी है। इस बात की परवाह मत करिए कि आपका तर्क बहुत युक्तिसंगत है।*** इसके अतिरिक्त केवल ऐसे विचार विनिमय में भाग लीजिए, जो रचनात्मक हो और जिससे कुछ नया ज्ञान मिल सके। यदि आप यह अनुभव करते हैं कि किसी व्यक्ति की कोई बातचीत, वाद-विवाद, तर्क-वितर्क बिल्कुल बेतुका, अर्थहीन, तर्कहीन और केवल शक्ति नष्ट करने वाला है, तो उसमें हिस्सा न लीजिए। उसे बिना किसी प्रतिक्रिया के चुपचाप सुनते रहिए और अवसर मिलते ही उस स्थान से चले जाइए। यदि किसी व्यक्ति से आपका मन नहीं मिलता है और उससे बातचीत का मेल ठीक नहीं बैठता हो तो बजाय इसके कि उसके साथ वार्तालाप का अंत हमेशा गुस्से या तनाव से हो, बेहतर है कि जितना संभव हो सके, आप उससे उतनी कम बात करें।

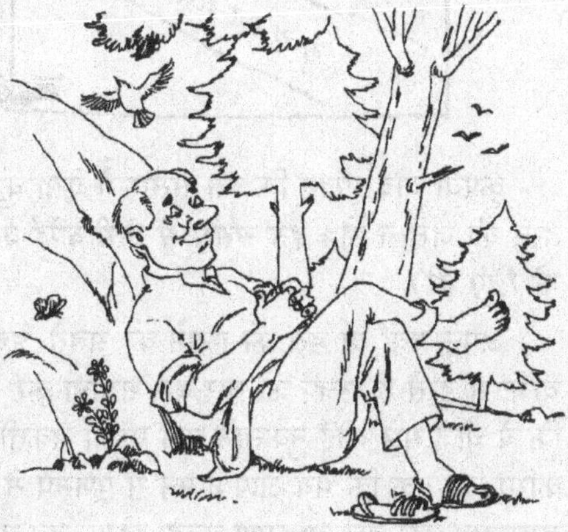

9. भयमुक्त हों

आपकी उन्नति और मानसिक शक्तियों को समाप्त करने में तरह-तरह के भय मुख्य रुकावटें हैं। ***आकर्षण के नियम के अनुसार, आप जिस बात का भय करते हैं या जो संदेह करते हैं, वास्तव में उन्हीं परिस्थितियों और दशाओं को आप अपनी ओर आकर्षित कर लेते हैं,*** इस प्रकार आप एक दुश्चक्र में घिर जाते हैं। हम में से कुछ लोग ऐसे होते हैं, जो सदा डरते रहते हैं कि कहीं यह न हो जाए, कहीं वह न हो जाए; वे इस प्रकार अपने मन को लगातार उत्तेजित और परेशान बनाए रखते हैं।

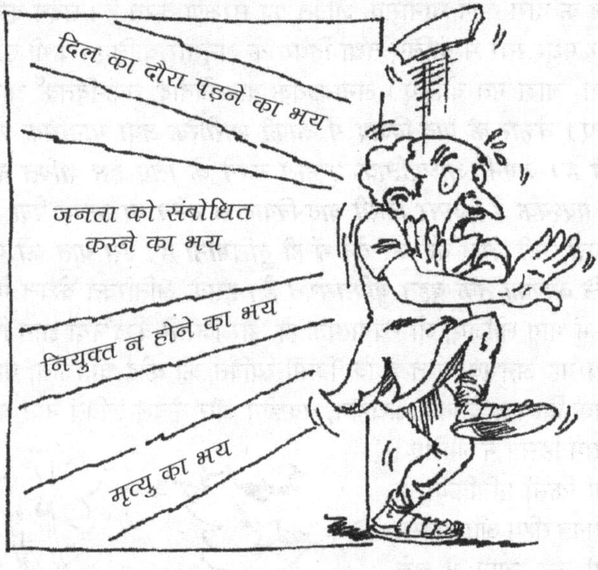

कृपया याद रखिए कि इस संसार में ऐसा कुछ नहीं है जिससे हमें सचमुच में डरने की जरूरत हो। ***इस संसार में ऐसी कोई वस्तु नहीं बनाई गई जो हमें डराने के लिए हो।***

अपने भयों या डरों को हटाने का सबसे अच्छा तरीका यह है कि आप जिन चीजों से डरते हों उन्हीं का बार-बार सामना करें और मन में यह विश्वास रखे रहें कि ये चीजें मुझे कोई नुकसान नहीं पहुंचा सकतीं। उनका उस समय तक सामना करिए जब तक कि भय आपके मन से पूर्णरूप से मिट न जाए। भय आप पर उस समय तक बार-बार आक्रमण करता रहेगा, जब तक आप उस पर पूरी तरह विजय नहीं पा लेते। यह एक सामान्य नियम है कि जिस चीज से आप जितना ज्यादा

डरेंगे वह आपको उतना ही डराएगी। लेकिन इसके विपरीत यदि आप उससे डरते नहीं और बिना उससे प्रभावित हुए उसका सामना करते हैं तो डर आपके मन से उतना ही दूर भाग जाएगा। अपने मन में इस महान सत्य को बैठा लीजिए कि वास्तविक दुर्घटना कभी उतनी पीड़ादायक या डरावनी नहीं होती, जितनी कि उस घटना के बारे में कल्पनाएं तथा विचार।

यहां तक कि भूत-प्रेत, काला जादू, मृत आत्माओं द्वारा कष्ट पहुंचाना और दूसरे परा-मनोवैज्ञानिक प्रभाव भी केवल उन लोगों पर अपने असर डालते हैं, जो मानसिक रूप से कमजोर, डरपोक और इन बातों के प्रति संवेदनशील होते हैं। ***ये चीजें मानसिक रूप से शक्तिशाली लोगों को छू भी नहीं सकतीं।***

इसके अतिरिक्त यह ज्ञान आपको शक्तिशाली बनाएगा (जैसा कि पहले वर्णन किया गया है) कि कोई भी बात या घटना संयोग या दुर्घटनावश नहीं होती। हर घटना का कोई-न-कोई कारण होता है। फिर भयभीत क्यों होना? बस, जीवन की हर चुनौती का सामना साहस और सकारात्मक दृष्टिकोण से, परमात्मा पर दृढ़ विश्वास रखते हुए करिए, क्योंकि ***केवल परमात्मा ही आपको वास्तविक सुरक्षा प्रदान कर सकता है।***

नोट : भय के बारे में अधिक जानकारी के लिए मेरी पुस्तक **'How to Overcome Fear'** पढ़ें।

10. हीनभाव से दूर रहिए

जो काम अन्य लोग कर सकते हैं वह आप भी कर सकते हैं। अनेक लोग में हीनता की यह भावना होती है कि दूसरे लोग जो कुछ कार्य कर सकते हैं, वे वह नहीं कर सकते। उन्हें अपनी योग्यता और शक्ति पर विश्वास नहीं होता। याद रखिए, सभी लोगों में मूल रूप से समान शक्ति होती है। कोई भी आपसे न तो बेहतर है और न खराब। यदि आप आत्मजागरण और ध्यान द्वारा अपने मन की शक्ति का पता लगा सकें तो जो चाहें कर सकते हैं। क्योंकि जहां तक मूल गुणों व क्षमता का संबंध है, सब आत्माएं बिल्कुल समान होती हैं, उनमें अंशमात्र का भी अंतर नहीं होता, इसलिए कभी अपने को दूसरों की तुलना में न तो छोटा समझिए और न बड़ा। अच्छा तो यही है कि दूसरों के साथ तुलना का विचार ही अपने मन में मत लाइए। बल्कि इस बात पर पूरा विश्वास रखिए कि जो कुछ भी दूसरे कर सकते हैं, वह आप भी कर सकते हैं। बस, अपनी सोई हुई शक्तियों को जगाने का प्रश्न है। वास्तव में, ऐसी कोई समस्या नहीं, जिसे आप अपनी मानसिक शक्तियों का पूरा विकास करके हल न कर सकें और यदि आप अपने शक्तिशाली मन को परमात्मा के भी साथ जोड़ लें तो अपने पिता (परमात्मा) की शक्तियों के भी सहभागी बन सकते हैं।

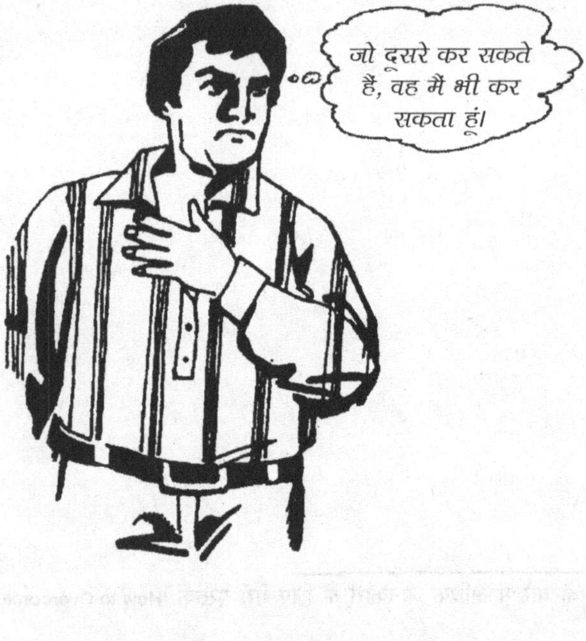

11. समय बरबाद मत करिए

जीवन छोटा है और अत्यंत मूल्यवान भी। समय बहुत तीव्र गति से दौड़ रहा है। ***हर क्षण हम मृत्यु के नजदीक पहुंच रहे हैं।*** मृत्यु न गरीब को छोड़ती है, न अमीर को, न शक्तिशाली को और न ही कमजोर को। ***मृत्यु के लिए हर व्यक्ति बराबर है। वह किसी भी क्षण बिना बताए आ सकती है,*** इसलिए यहां जरा-सा भी समय नष्ट मत करिए। ***हमें न्यूनतम समय में अधिकतम काम करना है।*** आपको इस बात का ध्यान रखना है कि आप हर क्षण प्रगति पथ पर आगे बढ़ें, पीछे न आएं। अपने समय को बेकार के विचारों, गप-शप या इधर-उधर घूमने में बरबाद मत करिए। जो समय आपके द्वारा एक बार खो दिया गया, उसे किसी भी साधन से दोबारा पाया नहीं जा सकता, इसलिए सदैव किसी उपयोगी रचनात्मक कार्य में व्यस्त रहिए।

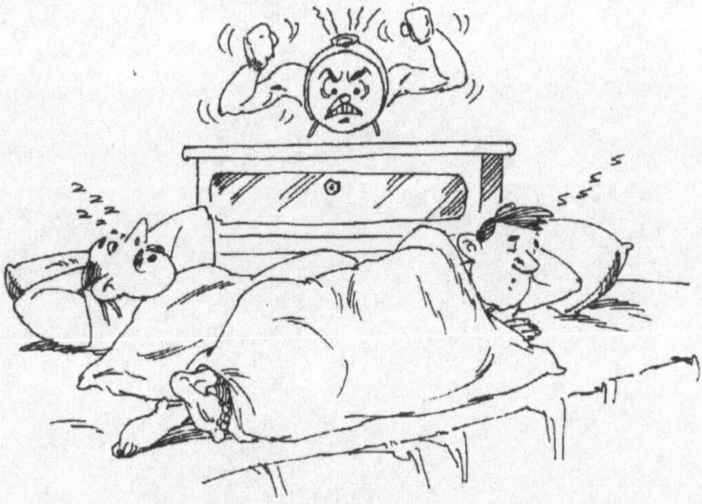

बहुत से लोग यह अनुभव नहीं कर पाते कि वे अपने जीवन का अनमोल समय कैसे नष्ट कर रहे हैं।

आप जीवन में जो भी व्यवसाय का कार्य करते हैं उस क्षेत्र में ऐसी तकनीकों व उपायों को खोजिए, जिनसे आप न्यूनतम समय और शक्ति का व्यय करके अधिक-से-अधिक कार्य कर सकें। अपने आप से पूछिए कि कार्य पर जो धन खर्च किया जा रहा है वह उसके वास्तव में योग्य है? क्या आप उस पर आवश्यकता से अधिक समय और ऊर्जा खर्च कर रहे हैं? आपके द्वारा लगाया गया समय तथा ऊर्जा

और उससे मिलने वाले लाभ में एक समानुपात अवश्य होना चाहिए। अधिकतम कुशलता पाने के लिए समय को नियोजित करना सीखिए और मानव मनोविज्ञान के बारे में जानिए। अपने कार्यों को योजनाबद्ध तरीके से करिए। अपनी प्राथमिकताओं की सूची बना लीजिए। अधिकांश लोगों की तरह अव्यवस्थित या लापरवाही से कार्य मत करिए।

याद रखिए कि ***आपको परमपिता परमात्मा को इस धरती पर किए गए अपने प्रत्येक कार्य और सभी बातों (विचारने और बोलने को भी मिला कर) के लिए उत्तर देना होगा और यह सब कुछ आपके भविष्य और आगे के जन्म को बहुत हद तक प्रभावित करेगा।***

12. मनोवेगों को नियंत्रित करिए

दिन-प्रतिदिन के जीवन में अपने मन की सनक से कुछ भी कहना या करना मत शुरू करिए। यह एक कमजोर मन का लक्षण है। अपने मन पर कुछ नियंत्रण तथा रोक रखिए और उसके गुलाम कभी न बनिए। अपने मन के स्वामी बनिए। आपके मन में जो इच्छा या लालसा आती है (यह आपके अवचेतन मन से आती है, यहां इच्छाएं, वासनाएं और वृत्तियां सुषुप्त अवस्था में पड़ी रहतीं हैं।) उसके अनुसार एकदम से कार्य करना शुरू न करिए। पहले अपनी बुद्धि से उसकी भली प्रकार जांच करिए और तब उसके अनुसार उसे थोड़े समय के लिए रोकिए या पूरी तरह त्याग दीजिए। इस प्रकार नियंत्रण का अभ्यास करने से आपकी इच्छा-शक्ति और सामर्थ्य धीरे-धीरे बढ़ने लगेगी, यह सफलता पाने के लिए सबसे पहली आवश्यकता है।

उदाहरण के लिए, मान लीजिए आपके मन में अचानक 'गोलगप्पा' या चाट खाने की इच्छा आती है। अब आपके सामने दो उपाय हैं। पहला यह कि आप फौरन जाएं और अपनी इच्छा पूरी करें, दूसरा यह कि आप अपने मन को रोकें और बुद्धि से यह जांचें कि एकदम से पांच मील जाना कहां तक उचित होगा। दूसरे उपाय को अपनाकर आप अपनी इच्छा-शक्ति को बढ़ा सकते हैं। आपको हर जगह इस प्रकार का धीरज अपनाना चाहिए और सांसारिक विषयों और इंद्रियों के सुखों को पाने के लिए जल्दबाजी, बेचैनी और उत्सुकता से बचना चाहिए। केवल एक ही क्षेत्र है जहां आप अपना धीरज छोड़ सकते हैं, वह है परमात्मा को पाने का।

पानी की शक्ति जिस प्रकार बांध बनाने से बढ़ जाती है, ठीक उसी प्रकार, मन की शक्ति उसको नियंत्रित करने से बढ़ती है।

13. परेशानी में एकदम प्रतिक्रिया न करें

जब कभी आप किसी आकस्मिक समस्या या किसी की बेतुकी टिप्पणी अथवा आलोचना से अशांति या बेचैनी अनुभव करें तो एकदम से प्रतिक्रिया करने या यकायक उत्तेजित होने से बचें। बेहतर तो यह है कि आप उस स्थान से चले जाएं और एकांत में कुछ समय तक बैठें। अपने को शांत और संतुलित करें। अपने मन को कुछ विश्राम दें और तब शांतिपूर्वक उस मुद्दे पर विचार करें। मन की इस स्थिति में आप वास्तविक समस्या को बेहतर रूप से समझ सकेंगे। उत्तेजित अवस्था में मन की विवेक शक्ति नष्ट हो जाती है।

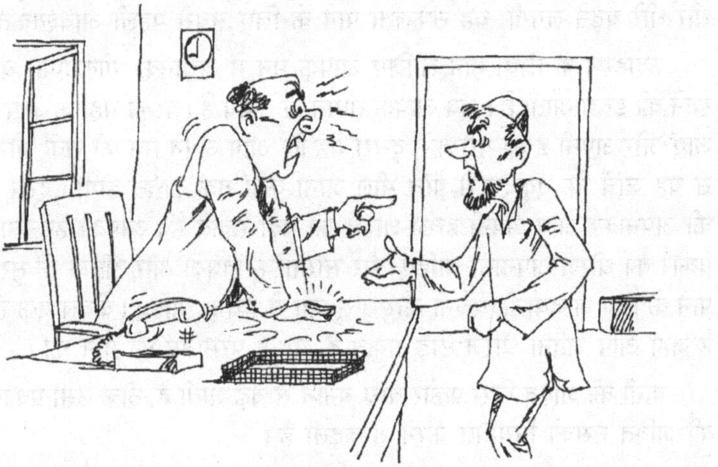

लोगों के मांगने पर ही अपनी सफाई दीजिए। अपने निर्दोष होने को लोगों पर थोपिए नहीं। उत्तर देते समय आपकी आवाज हमेशा नम्र, आदरपूर्ण और नियंत्रित होनी चाहिए। आपकी चाहे कितनी गलत आलोचना की जाए अथवा दोष लगाया जाए, आपको कभी अनियंत्रित तरीके से व्यवहार नहीं करना चाहिए और जवाब देते समय कभी चीखना-चिल्लाना नहीं चाहिए।

14. भूतकाल का चिंतन, भविष्य की चिंता

कुछ लोग इन दो कार्यों में अपना पूरा जीवन बरबाद कर देते हैं। संभव है, भूतकाल में आपको जो कुछ करना चाहिए था, आप कर नहीं सके। लेकिन उसके कारण अपने वर्तमान को नष्ट करने में कोई बुद्धिमानी नहीं। इसी प्रकार जिस भविष्य को आप ठीक से नहीं देख सकते उसकी चिंता करने में वर्तमान समय को खराब करना बुद्धिमत्ता पूर्ण नहीं। सच्चाई यह है कि ऊपर लिखे दोनों तरीकों से आप अपना वर्तमान खराब करके जानबूझ कर अपना भविष्य भी नष्ट कर डालते हैं।

याद रखिए, वर्तमान आपके जीवन का सबसे महत्वपूर्ण समय है। आपके और संसार के लिए सर्वाधिक महत्व इस बात का है कि आप इस समय क्या हैं, ना कि यह कि आप क्या थे और क्या होंगे। कोई भी आपकी बीती समस्याओं और स्थितियों के बारे में जानने को उत्सुक नहीं है और न ही उनके आधार पर परीक्षाओं अथवा नौकरी में कोई आपका समर्थन करने वाला है। लोगों की तो सिर्फ इसमें रुचि है कि इस समय आप क्या हैं। इसलिए अपने वर्तमान पर उचित ध्यान दीजिए। वर्तमान समय का पूरा सदुपयोग करके आप अपने लिए एक अच्छे भविष्य की नींव डालने के साथ अपने पुराने कर्मों के बंधनों के प्रभाव को भी काफी हद तक कम कर सकते हैं।

भूतकाल का चिंतन केवल उससे कोई सीख लेने के लिए किया जाना चाहिए ताकि पिछली गलतियां दोहराई न जाएं। इसके अलावा बीते समय या भूतकाल का कोई उपयोग नहीं। उसको उसी प्रकार भूल जाइए जैसे आप किसी फिल्म को देखकर भूल जाते हैं। ***आपके जीवन में उन्नति के अवसरों की कोई कमी नहीं है। यदि आप पहले कुछ अवसर खो चुके हैं, तो अब भी उन्नति के नए अवसरों को पकड़ सकते हैं। उन्नति के अवसर सदा आते-जाते रहते हैं।*** सिर्फ पकड़ने की आवश्यक इच्छा-शक्ति तथा चाह होनी चाहिए।

15. आप अपने भाग्य के निर्माता हैं

यदि आप विपत्ति के सामने अपने भाग्य का रोना सदा रोते रहते हैं, तो आपको स्मरण रखना चाहिए कि आज आप अपने जीवन में जो कुछ हैं उसके लिए स्वयं शत-प्रतिशत जिम्मेवार हैं। आपने अपने भाग्य को अपने हाथों से बनाया है। आपके भूतकाल ने आपके वर्तमान को बनाया है। आपका वर्तमान आपके भविष्य को बनाएगा। आपने जो कुछ भूतकाल में किया है, उसी के फल को आज आप भोग रहे हैं। यदि आप अपने वर्तमान को व्यवस्थित क्रम में रखने के लिए सावधान रहें तो भविष्य अब भी आपके हाथों में है, इसलिए आने वाली मुसीबतों के लिए भाग्य को कभी न कोसिए, वरन् सच्चाइयों का साहस से सामना करिए। ***अपने जीवन के प्रति स्वयं को जिम्मेदार समझना और यह अनुभव करना कि आपके विचार, शब्द और कर्म ही आपके भविष्य के आधार हैं, जीवन के प्रति आपके दृष्टिकोण में एक मुख्य परिवर्तन ला सकता है।***

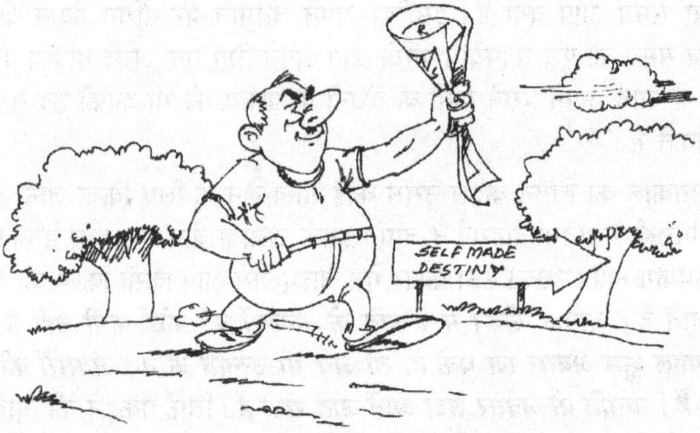

इसके अतिरिक्त आपके पास वह शक्ति है, जिसके द्वारा आप अपनी वर्तमान स्थिति में भी परिवर्तन और सुधार ला सकते हैं। आपको भाग्य का गुलाम बने रहने की जरूरत नहीं। विभिन्न बाधाओं के विरुद्ध सकारात्मक विचारों, दृढ़ निश्चय तथा इच्छा-शक्ति से किए गए वास्तविक प्रयत्नों द्वारा आप भाग्य की शक्तियों पर विजय पा सकते हैं। यदि आप अपने को परमात्मा के प्रति समर्पित कर दें, तो कर्मों के चक्र से अपने को मुक्त करना और सरल हो जाता है, क्योंकि तब आपको हर कदम पर दिव्य सहायता प्राप्त होने लगती है।

इस प्रकार भाग्य चक्र में, खरीदे हुए एक गुलाम की तरह, सदा चक्कर काटते रहना आवश्यक नहीं। आपमें इस चक्र से बाहर निकलने और इससे नियंत्रित होने के बजाय इसको ही नियंत्रित करने की शक्ति है। ***जैसे ही आपकी चेतना का स्तर ऊपर उठता है, आपके ऊपर भाग्य की पकड़ ढीली होती जाती है। यही कारण है कि आध्यात्मिक ज्ञान प्राप्त व्यक्तियों को भाग्य का भय नहीं होता।*** वे एक ऐसे स्तर पर होते हैं, जहां संसार की वस्तुएं व परिस्थितियां उन्हें प्रभावित नहीं करतीं वरन् वे स्वयं उन्हें प्रभावित करते हैं। भाग्य चक्र को घुमाने वाला हत्था (हैंडिल) उनके हाथों में होता है, जिससे वे निश्चित परिस्थितियों को बदल सकते हैं। भाग्य उनका सेवक होता है और वे उसके स्वामी। वे हमारी तरह भाग्य के गुलाम नहीं होते और न ही भाग्य उनका स्वामी होता है।

इसका एक दूसरा आयाम या पहलू भी है। जब एक बार आप चेतना का उच्च स्तर और मन का नियंत्रण पा लेते हैं तो आप दुर्भाग्य से प्रभावित नहीं होते। आप कमजोर मन वालों की तरह टूटने की बजाय शांतिपूर्वक उसका सामना कर सकते हैं। ***जीवन की विपत्तियों या दुर्भाग्य के प्रति आपकी प्रतिक्रियाएं और दृष्टिकोण पूरी तरह परिवर्तित हो जाता है। आप उनको गंभीरता से नहीं लेते और न ही उनका विरोध करते हैं। आप समझते हैं कि वे कुछ निश्चित नियमों के अनुसार आई हैं और कुछ समय बाद चली जाएंगी। इस प्रकार उनसे अनासक्त और अलग रह कर आप इन विपत्तियों को एक दर्शक की तरह देखते हुए मानसिक रूप से स्थिर रहते हैं।*** यह केवल मन है, जहां आप सब प्रकार की पीड़ाएं, निराशाएं, चिंताएं, परेशानियां और भय आदि अनुभव करते हैं। एक बार मन को वश में कर लेने पर ये सारी परिस्थितियां आप पर अपनी पकड़ ढीली कर देती हैं और स्वयं को आपके चरणों में समर्पण कर देती हैं।

नोट : अपने जीवन में मनुष्य की स्वतंत्र इच्छा और भाग्य की कार्यप्रणाली के विषय में अधिक जानकारी के लिए कृपया मेरी पुस्तक ***'तनाव-मुक्त कैसे रहें'*** में ***'भाग्य और मनुष्य की स्वतंत्रता'*** का लेख पढ़ें।

16. दूसरों की संतुष्टि से पहले आत्मतुष्टि

अधिकांश लोग एक ऐसी जीवन शैली में जीते हैं जिसका मुख्य उद्देश्य दूसरों को प्रभावित करना या संतुष्टि देना होता है। वे अपने बारे में क्या विचार रखते हैं, इसकी बजाय वे इस बात को अधिक महत्व देते हैं कि दूसरे उनके संबंध में क्या विचार रखते हैं। जीवन में हमारी निराशाओं का यह एक मुख्य कारण है। ***ध्यान रखिए, आपके लिए यह अधिक महत्वपूर्ण है कि आप अपने संबंध में क्या विचार रखते हैं, बजाय इसके कि दूसरे आपके संबंध में क्या विचार रखते हैं।*** अपने बारे में आपका आत्मविश्लेषण अत्यधिक महत्वपूर्ण है। आपको अपने से बेहतर कोई नहीं जानता। अपने बारे में दूसरों के निर्णयों और विचारों से, चाहे वे प्रशंसा के हों या आलोचना के, आप प्रभावित न हों। अपने विवेक की तराजू पर उन्हें तोलें और जिन्हें आप उचित समझते हैं केवल उन्हें ही स्वीकार करें। ***आपके बारे में दूसरे का निर्णय आवश्यक नहीं कि सही हो, क्योंकि वह उसके मानसिक स्तर के अनुसार होता है।*** आपके बारे में केवल एक ज्ञानी व्यक्ति ही, जो आपके बहुत निकट रह चुका है, सही निर्णय दे सकता है।

इसकी चिंता किए बिना कि दूसरे आपके बारे में क्या विचार रखते हैं, सदा सरल, सुंदर जीवन शैली से जीते हुए अपनी स्वाभाविक स्थिति में रहिए और दूसरों को कृत्रिम रूप से प्रभावित करने का प्रयत्न मत कीजिए। आप जो नहीं हैं वैसा बनने का प्रयत्न करना मानसिक दबाव-तनाव का सबसे बड़ा स्रोत है।

17. कमजोरियों को स्वीकारिए

जब आपने एक बार अपनी कमजोरियों को जान लिया तो समझ लीजिए कि आपने उनको दूर करने का पहला कदम उठा लिया। अपनी कमजोरियों को स्वीकार करने में संकोच नहीं करना चाहिए और उनको छिपाने के लिए कोई प्रयत्न नहीं करना चाहिए।

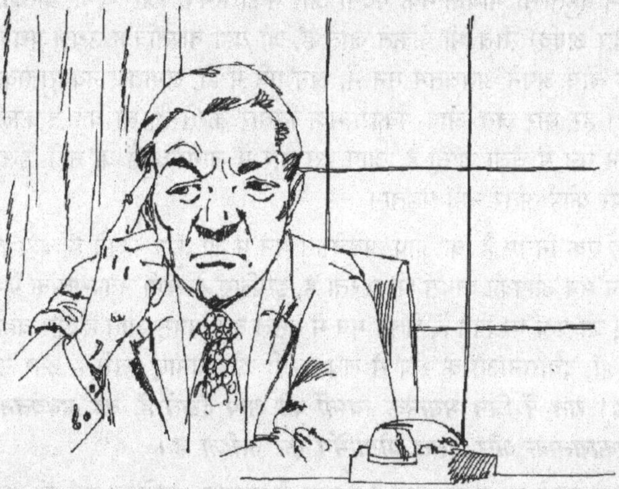

मनुष्य में कुछ कमजोरियां होना तथा उसके द्वारा कुछ गलतियों का होना कोई अजीब बात नहीं है। यह एक स्वाभाविक बात है। मनुष्य की परिभाषा ही यह है–जो गलतियां करता है, वह मनुष्य है। जो गलतियां नहीं करता, वह भगवान है। अपनी गलतियों को जानने के बाद उनको दूर करने का प्रयत्न शुरू कर देना ही महत्वपूर्ण है। यही हमें पशुओं से भिन्न और एक मनुष्य बनाता है।

यदि आप ऐसा अनुभव करते हैं कि आपकी कमजोरियों को जानने के बाद दूसरे लोग आपको छोटा सोचने लगेंगे तो स्मरण रखिए कि यह सदैव बेहतर है कि आपमें, वास्तव में, जितनी शक्ति या योग्यता है, लोग आपको उससे कुछ कम ही समझें, क्योंकि तब आपको लोगों के सामने अपने स्तर को सिद्ध करने के लिए कोई बनावटी जोर नहीं देना पड़ेगा। जैसी कि पहले व्याख्या की गई है कि लोग आपके बारे में क्या सोचते हैं, यह उतना महत्वपूर्ण नहीं जितना कि महत्वपूर्ण यह है कि आप अपने बारे में क्या दृष्टि रखते हैं? ***अपने आपको अपनी आंखों से देखना सीखिए, दूसरों की आंखों से नहीं।***

18. अवचेतन मन को गंदगी से न भरिए

आपका अवचेतन मन आपके चेतन मन के लिए एक विशाल भंडारगृह की तरह काम करता है। आप जो कुछ देखते-सुनते, विचारते और अनुभव करते हैं, सभी कुछ एक स्थायी स्मरण-शक्ति के रूप में अवचेतन मन में जमा हो जाता है। लेकिन इनका समस्याग्रस्त भाग यह है कि इन विचारों और इंद्रियों के अनुभवों के साथ ही, हम इसमें बहुत-सी भावनात्मक गंदगी और नकारात्मक (जैसे घृणा, प्रतिशोध, भय, क्रोध, द्वेष आदि) सोच भी फेंकते जाते हैं, जो यहां वास्तविक उथल-पुथल मचाती है। कुछ लोग अपने अवचेतन मन में, अनजाने में ही, लगातार नकारात्मकता भरते जाते हैं। हर बार जब आप नकारात्मक विचार करते हैं, तो वह तत्काल आपके अवचेतन मन में चला जाता है, आप इस बारे में जागरूक हैं या नहीं, इससे उसके प्रभाव पर कोई अंतर नहीं पड़ता।

यह एक नियम है कि आप अवचेतन मन में जो कुछ डालते हैं, वही चीज फिर अवचेतन मन आपको वापस भी करता है, इसलिए ये सभी नकारात्मक प्रभाव और भावनाएं जो यहां भरे होते हैं, चेतन मन में उछल कर वापस आते हैं और वहां आवेगों, लालसाओं, दुर्वासनाओं के रूप में लघु तरंगों की रचनाएं करते हैं और उसे बेचैन रखते हैं। ***रात में जिन भयानक स्वप्नों को आप देखते हैं, वह अवचेतन मन की इसी नकारात्मक और गलत प्रोग्रामिंग का नतीजा है।***

इससे बचने का उपाय क्या है? आपको तत्काल अवचेतन मन को सकारात्मक और शक्तिशाली विचारों और भावों से भरना प्रारंभ कर देना चाहिए। वह धीरे-धीरे अवचेतन मन में भरी नकारात्मक और अशुद्ध भावनाओं को समाप्त कर देगा। याद रखिए ***'सकारात्मक सदैव नकारात्मक पर विजयी होता है।'*** इसके लिए आपके चेतन मन को हर उस विचार के प्रति सजग और सचेत रहना पड़ेगा, जो वह विचार रहा है; उसे केवल सकारात्मक विचारों को ही प्रवेश करने की अनुमति देनी होगी। इस स्थिति को पाने के लिए आपको प्रत्येक वस्तु, प्रत्येक घटना, प्रत्येक समस्या, प्रत्येक दुर्भाग्य व प्रत्येक विपत्ति के प्रति सकारात्मक दृष्टिकोण विकसित करना होगा, जिसे आप हर विपत्ति के पीछे छिपी अपनी भलाई को देख कर विकसित कर सकते हैं। इसकी व्याख्या अन्य स्थान पर भली प्रकार की जा चुकी है।

इसके अतिरिक्त संसार की विभिन्न वस्तुओं और स्थितियों के प्रति अपनी प्रतिक्रियाओं तथा लगाव को सीमित करिए। जिन चीजों के प्रति आपकी प्रतिक्रियाएं और लगाव जितने शक्तिशाली होते हैं, उतने ही शक्तिशाली प्रभाव आपके अवचेतन

मन पर पड़ते हैं और जितने शक्तिशाली प्रभाव होते हैं, उतनी ही बेचैनी आपके मन में पैदा होती है। यह हमारी क्रियाएं नहीं वरन् प्रतिक्रियाएं हैं जो हमारे कष्टों की जड़ हैं।

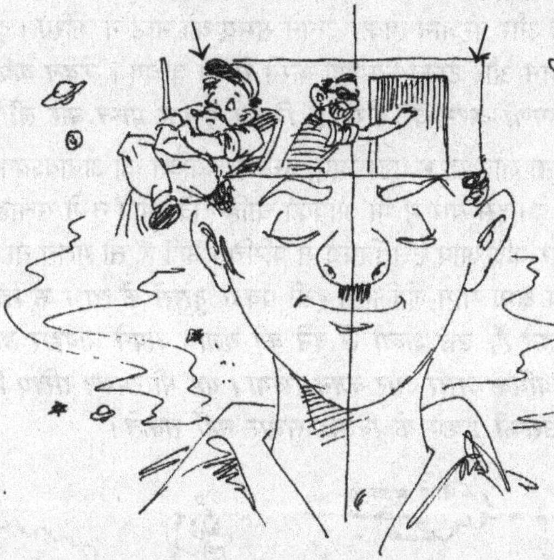

चेतन मन एक चौकीदार या द्वार रक्षक की तरह है और अवचेतन मन एक स्टोर की तरह। यदि द्वार रक्षक सो रहा है तो कोई भी अवांछित वस्तु स्टोर में प्रवेश कर सकती है। लेकिन यदि द्वार रक्षक सतर्क है तो वह केवल वांछित चीजों को ही अंदर प्रवेश करने देगा और अवांछित को बाहर ही रोक देगा।

नोट : अवचेतन मन की कार्यप्रणाली के विषय में अधिक जानकारी के लिए मेरी पुस्तक ***'तनाव-मुक्त कैसे रहें'*** पढ़ें।

19. बिना मांगे सलाह न दीजिए, टीका-टिप्पणी करने से बचिए

जीवन में केवल अपनी उन्नति पर मन को एकाग्र करिए। दूसरे क्या कर रहे हैं, इसमें हस्तक्षेप करके और परेशान होकर अपने समय को नष्ट न करिए। दूसरों के कार्यों में दोष निकालने और टीका-टिप्पणी करने से भी बचिए। ***केवल वही व्यक्ति दूसरों की टीका-टिप्पणी करने के योग्य है जिसने पूर्णता प्राप्त कर ली है।***

कुछ लोगों से पूछा जाए या न पूछा जाए, उन्हें हर व्यक्ति को अनावश्यक सलाह देने की आदत होती है। इस बारे में भी आपको चाहिए कि आप तभी सलाह दें जब आपसे पूछा जाए और यदि आप उस विषय से परिचित नहीं हैं, तो गलत या अस्पष्ट सलाह देने के बजाय क्षमा मांग लीजिए। इसी प्रकार ***दूसरों के लाभ के लिए आप जो उपदेश देना चाहते हैं, उसे शब्दों से देने की बजाय अपने व्यवहार द्वारा देना उचित है। तब वह अधिक असर और वजन रखेगा। यह भी स्मरण रखिए कि आप किसी व्यक्ति को उसकी इच्छा के विरुद्ध सुधार नहीं सकते।***

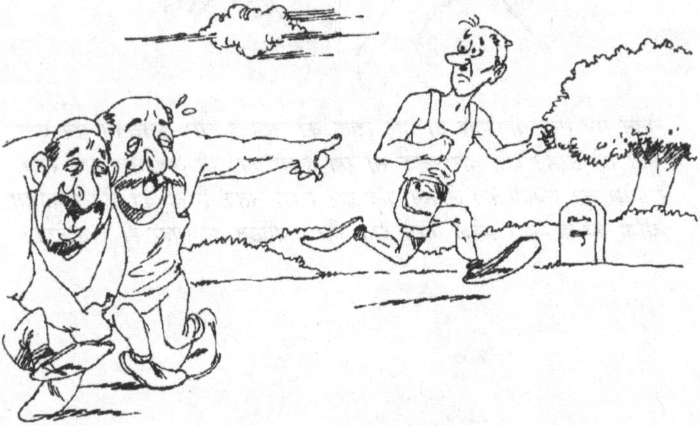

यदि आप एक प्रबंधक के पद पर हैं, जहां आपको अपने अधीन लोगों से कार्य करवाना पड़ता है तो ऐसी स्थिति में आपके द्वारा उनके कार्यों के बारे में टीका-टिप्पणी करना या सलाह देना आवश्यक है। लेकिन, यह कार्य एक सुझाव देने के रूप में किया जाना चाहिए न कि शासन करने या अपने अहं का प्रदर्शन करने के दृष्टिकोण से।

20. कर्म करने में अहंकार की भावना का त्याग

आप जो भी कार्य या बात करते हैं, उसे इस दृष्टिकोण से करिए कि वह परमात्मा का कार्य है और आप उसे परमात्मा के मार्ग निर्देशन में एक सेवक के रूप में कर रहे हैं। वही वास्तविक कर्ता है। आप केवल उसके हाथों एक यंत्र या माध्यम हैं। कार्य पूरा करने के बाद उसे फिर आदर तथा विनम्रता सहित परमात्मा को समर्पित कर दीजिए। कभी यह अहंकार मत विकसित करिए कि यह कार्य आपके द्वारा किया गया है और अब आप उसके लिए प्रशंसा तथा आदर पाने की आशा करते हैं। वह जीवन की एक सच्चाई है कि आप वास्तव में स्वयं कुछ नहीं कर सकते जब तक कि परमात्मा सहायता नहीं करे, क्योंकि प्रत्येक चीज के साथ बहुत-सी अनिश्चितताएं जुड़ी रहती हैं।

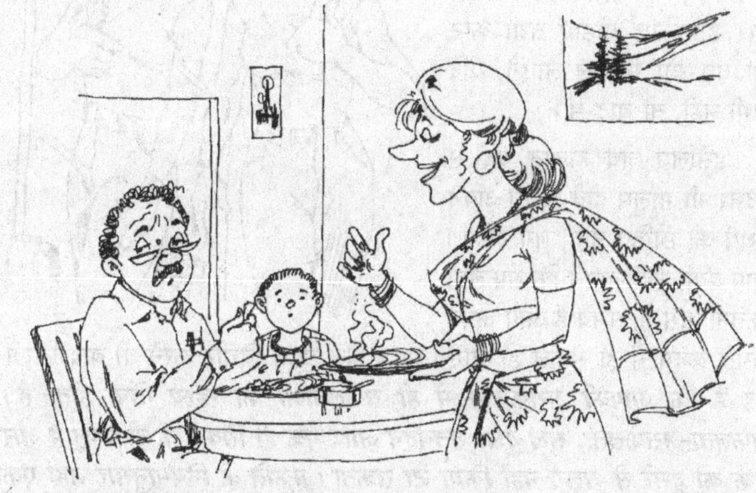

नाम, प्रसिद्धि, संपत्ति, धन, परिवार आदि के अहंकार को भी त्याग दीजिए क्योंकि ये सब चीजें अस्थायी हैं और एक दिन समाप्त हो जाएंगी। ये सब आपको परमात्मा की कृपा से अस्थायी रूप में दी गई हैं। ***अहंकार एक पर्दा है जो आपको परमात्मा के निकट नहीं पहुंचने देता। जैसे ही अहंकार धुल जाता है, आप परमात्मा के आमने-सामने हो जाते हैं अर्थात् सत्य के आमने-सामने।***

21. सदैव आशावादी रहिए

आप किसी कार्य को करने में चाहे कितनी बार असफल हो चुके हैं। फिर भी अपनी सफलता के बारे में आशावादी रहिए। याद रखिए कि इस लोक और परलोक में ऐसी कोई शक्ति नहीं, जो आपको अपनी चाही हुई वस्तु या लक्ष्य को पाने से रोक सके, बशर्ते कि आप एक सही उद्देश्य के लिए कार्य कर रहे हों। इसके लिए बस एक दृढ़निश्चयी मन और परमात्मा में पूर्ण विश्वास की आवश्यकता है।

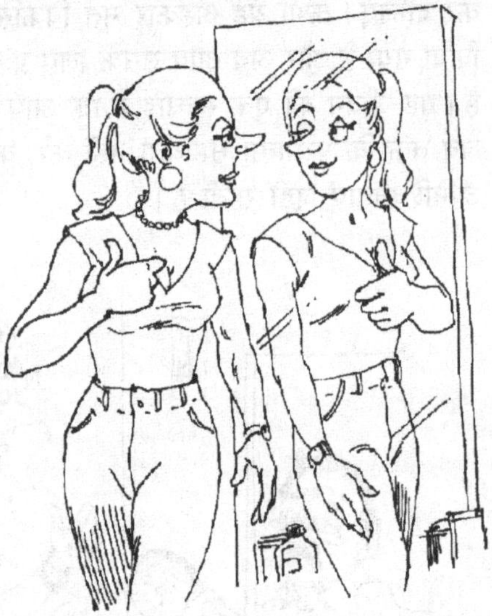

यह भी याद रखिए कि आपके द्वारा किया गया छोटा-से-छोटा प्रयत्न भी व्यर्थ नहीं जाता। यही प्रकृति का नियम है। आपके द्वारा अभी किए जाने वाले विभिन्न प्रयत्न और उठाई गई पीड़ाएं तथा कष्ट निश्चित रूप से फल लाएंगे, यदि अभी नहीं, तो बाद में।

इसलिए जब हालात बद से बदतर भी मालूम होते हैं, तो अपने संघर्ष को छोड़िए नहीं, लगे रहिए। आप कभी नहीं जानते कि सफलता कितनी पास है, संभव है आप अपने अगले कदम में ही सफल हो जाएं। यह उक्ति बहुत विचार करने के बाद लिखी गई है कि ***आपकी असफलता में ही सफलताओं का रहस्य छिपा होता है। सफलता-असफलता, सुख-दुख, रात-दिन आदि एक ही सिक्के के दो पहलू हैं और एक को दूसरे से अलग नहीं किया जा सकता। प्रकृति के नियमानुसार जहां एक है, वहां दूसरा भी अवश्य ही होगा।*** इसलिए परेशान होने की जरूरत नहीं।

22. 'नहीं' कहना सीखिए

आत्मविश्वासी, स्पष्टवादी, साहसी बनिए और जब स्थिति की मांग हो तो 'नहीं' कहने में संकोच न करिए। कभी-कभी आपका 'नहीं' कहने का थोड़ा-सा साहस आपको जीवनभर के दुखों से बचा लेता है। दूसरों के प्रभाव में मत बह जाइए। ***अपना स्वतंत्र व्यक्तित्व रखिए, जो सच्चाई की स्थिति में कठोर विरोध होने पर भी एक चट्टान की तरह खड़ा रह सके।*** किसी अन्याय या अनीति के विरुद्ध अपनी आवाज उठाने का साहस भी रखिए। यदि आप महान और अनुपम होना चाहते हैं तो आपको बाकी भीड़ से अलग तरह का होना होगा। लेकिन यह जरूरी नहीं कि आप 'न' कहने के लिए रूखेपन से और अपमानजनक तरीके से बोलें। आप विनम्रता पूर्वक भी 'न' कर सकते हैं।

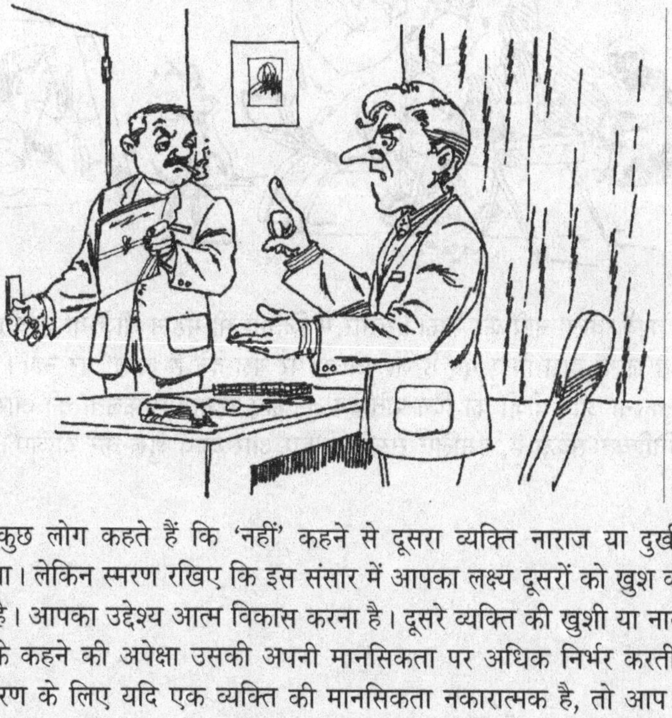

कुछ लोग कहते हैं कि 'नहीं' कहने से दूसरा व्यक्ति नाराज या दुखी हो जाएगा। लेकिन स्मरण रखिए कि इस संसार में आपका लक्ष्य दूसरों को खुश करना नहीं है। आपका उद्देश्य आत्म विकास करना है। दूसरे व्यक्ति की खुशी या नाखुशी आपके कहने की अपेक्षा उसकी अपनी मानसिकता पर अधिक निर्भर करती है। उदाहरण के लिए यदि एक व्यक्ति की मानसिकता नकारात्मक है, तो आप चाहे कुछ कहें या करें वह हर चीज को नकारात्मक रूप में ही देखेगा। अतः अपना ध्यान दूसरों पर केंद्रित करने के बजाय आपको अपने आप पर अधिक ध्यान देना चाहिए कि आप जो कुछ कर रहे हैं। वह आपके अनुसार उचित है या अनुचित।

23. टालने की आदत से बचिए

चीजों या कार्यों को आगे के लिए और कल पर टालने की आदत से बचिए। ***सफल व्यक्ति वे होते हैं जो अपनी कुर्सी से उठ कर तत्काल कार्य करते हैं। किसी चीज को शुरू करने का सही समय बस यही है, कल नहीं।*** कोई भी व्यक्ति आज तक

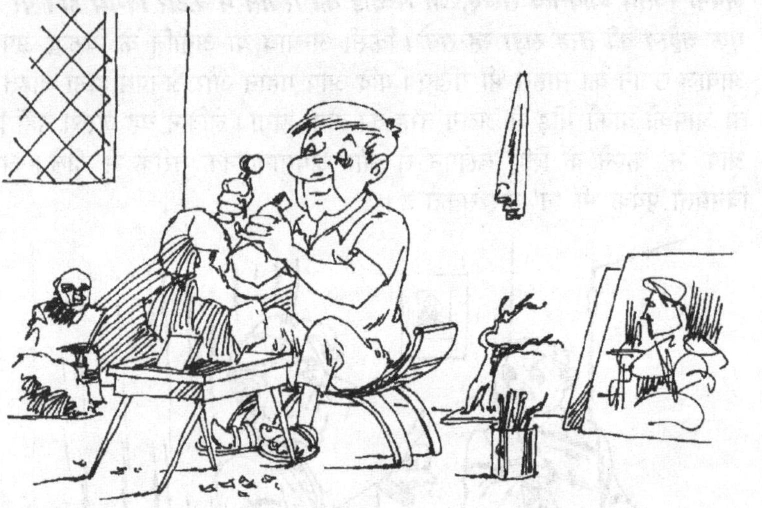

कोई कार्य 'कल' नहीं कर सका। संसार में जितनी भी महान चीजें या कार्य हुए हैं, वे ऐसे लोगों द्वारा किए गए हैं जो 'आज' पर बल देते हैं 'कल' पर नहीं। केवल बात करना और चीजों को दिन-प्रतिदिन लटकाए रहना असफलता की ओर जाने का निश्चित संकेत है, इसलिए सुस्ती छोड़िए और कार्य शुरू कर दीजिए।

24. हमेशा परमात्मा के समीप रहिए

आप जो कुछ भी करें परमात्मा आपके सामने होना चाहिए। बातचीत करते हुए, खाते हुए, चलते हुए, सोते हुए, यात्रा करते हुए उसकी उपस्थिति का अनुभव कीजिए। उसको अपने सभी कार्यों में शामिल करिए। ***जब तक आप अपना हाथ उसके हाथों में रखे हैं, आप संसार की सभी परेशानियों से सुरक्षित हैं। उसका हाथ छूटते ही आप हर प्रकार के भय, चिंताओं, परेशानियों, अनिश्चितताओं, पीड़ाओं,***

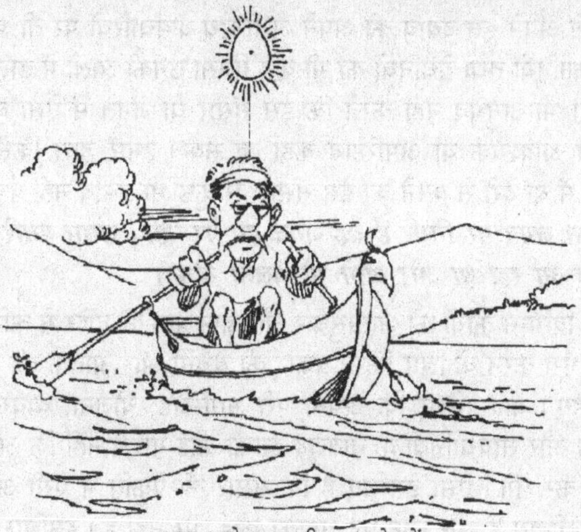

आप चाहे कुछ भी कर रहे हों,
परमात्मा से लगाव रखें

कष्टों, असफलताओं और निराशाओं से घिर जाते हैं। इसलिए आप जो कुछ भी करते हैं उसमें उसे अपना साथी बनाइए। आप अपना हाथ उसके हाथों में रखे रहें, इसका अर्थ यह है कि आप मानसिक रूप से उससे जुड़े रहें। धीरे-धीरे, जैसे-जैसे आप इन भावनाओं को अधिक-से-अधिक विकसति करते जाएंगे, एक स्थिति ऐसी आएगी कि आप हर चीज में सिर्फ परमात्मा को ही देखें व जानेंगे और परमात्मा आपकी सारी क्रियाओं का एक अभिन्न अंग बन जाएगा। ***आपके लिए कोई भी कार्य परमात्मा को अपने साथ संबंधित किए बिना करना असंभव हो जाएगा।***

यह एक अवर्णनीय आनंद और प्रसन्नता की स्थिति होती है जिसमें हर जगह आप परमात्मा के सिवाय कुछ नहीं पाते। आपको उसके प्यार का एक तरह से नशा हो जाएगा।

25. संसार में कुछ भी अत्यावश्यक या अपरिहार्य नहीं

कुछ लोग विभिन्न कार्यों को पूरा करने के लिए निरंतर समयाभाव के तनाव में रहते हैं। वे सदैव समय के साथ दौड़ लगाते रहते हैं। यदि कोई कार्य निश्चित समय में न हो तो ऐसे लोगों के लिए या तो आसमान टूट कर गिर पड़ता है या संसार ही खत्म होने को हो जाता है। प्रत्येक चीज पर 'अति आवश्यक' की (लेबिल) चिप्पी लगा कर वे अपने इस दबाव को अपने अधीनस्थ कर्मचारियों पर तो डालते ही हैं, अपनी परेशानियों तथा बेचैनियों का भी कुछ हिस्सा उनकी झोली में डालते रहते हैं। वे यह जरा भी अनुभव नहीं करते कि इस संसार या जगत में ऐसा कुछ नहीं है, जिसे अति आवश्यक या अपरिहार्य कहा जा सके। हमारे द्वारा किसी काम को जल्दबाजी में या देरी से करने का इस संसार पर कुछ भी प्रभाव नहीं पड़ता। असल में, ***हम इस जगत पर निर्भर हैं यह जगत हम पर नहीं। संसार हमारे बिना पहले भी चलता आ रहा था और आगे भी चलता रहेगा।***

अतः विभिन्न कार्यों को आत्मसुधार और ज्ञान पाने की दृष्टि से करिए, विभिन्न कार्यों को पूरा करने के लिए किसी प्रकार की बेचैनी और आतंक की भावना नहीं होनी चाहिए। याद रखिए कि अपनी पूरी भाग-दौड़, योजना, व्यवस्था, साधन, विशेषज्ञता और सावधानियों के बावजूद इसकी कोई गारंटी नहीं कि आप मनचाहा कार्य पूरा कर लेंगे। ऐसा इसलिए है कि संसार की प्रकृति में ऐसी असंख्यों बातें हैं, जो अनिश्चित हैं और जिन पर आपका कोई जोर नहीं है। इसलिए अपनी ओर से सच्चे प्रयत्न करिए और उसके बाद हर चीज परमात्मा पर छोड़ दीजिए।

26. जीवन में मुफ्त कुछ भी नहीं

इस संसार में आप जो भी चीज पाते हैं, उसकी कीमत चुकानी पड़ती है। आध्यात्मिक नियमों के अनुसार यहां ऐसा कुछ नहीं, जो निःशुल्क या मुफ्त हो। वे ***वस्तुएं जो आपको स्पष्ट रूप से अपने पास मुफ्त में आती हुई मालूम पड़ती हैं, जैसे पूर्वजों की सम्पत्ति, लॉटरी या रिश्वत का धन आदि, उन्हें भी आपको किसी-न-किसी***

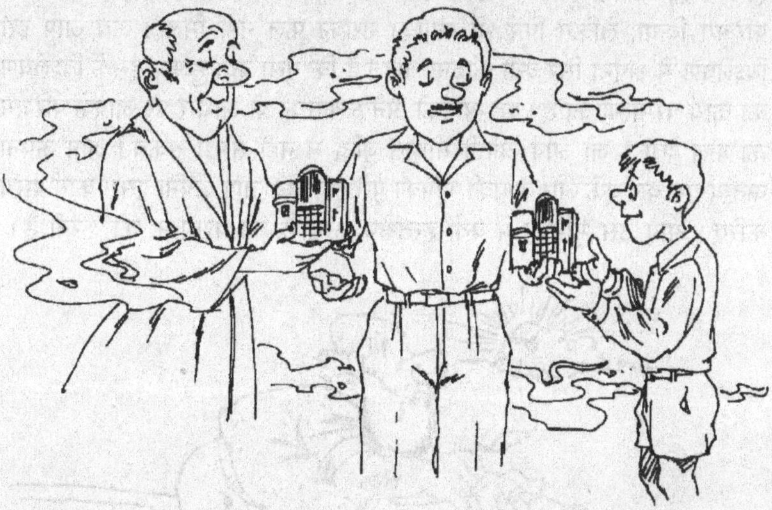

रूप में वापस करना पड़ता है, यद्यपि यह आप स्पष्ट रूप से नहीं देख सकते। इसका निष्कर्ष यह है कि किसी संपत्ति या धन को नाजायज तरीके या अपने कर्तव्य की सीमा से बाहर जाकर हथियाने का विचार कभी मत करिए। वह आपके पास टिकेगी नहीं। वह एक-न-एक तरीके से खत्म हो जाएगी। आपके पास अंतिम रूप से वही रहेगा, जिसके कि आप योग्य हैं।

27. कर्म करते हुए ही आनंद लीजिए, फल का इंतजार मत करिए

आप जो कार्य कर रहे हैं उसी में आनंद पाना सीखिए। आपको ***कर्मों के फलों में आनंद पाने के लिए लालायित नहीं होना चाहिए क्योंकि वे केवल परमात्मा के हाथ में हैं, आपके हाथ में नहीं।*** मान लीजिए, आप कहते हैं कि आपने कठोर परिश्रम किया, लेकिन फिर भी आपको उसका फल नहीं मिला। अब आप इस विश्लेषण में अपना सिर क्यों फोड़ना चाहते हैं कि ऐसा क्यों हुआ? इसके विश्लेषण का कार्य परमात्मा का है। वह आपको अनेक कारकों के आधार पर आपके परिश्रम का फल देता है जो आप अपनी सीमित बुद्धि से नहीं समझ सकते। आप अपना कर्तव्य पूरा कर चुके और आपकी भूमिका पूरी हुई, अब आप अपना दूसरा कार्य प्रारंभ करिए। आप उस भूमिका में क्यों हस्तक्षेप करते हैं, जो परमात्मा को करनी है।

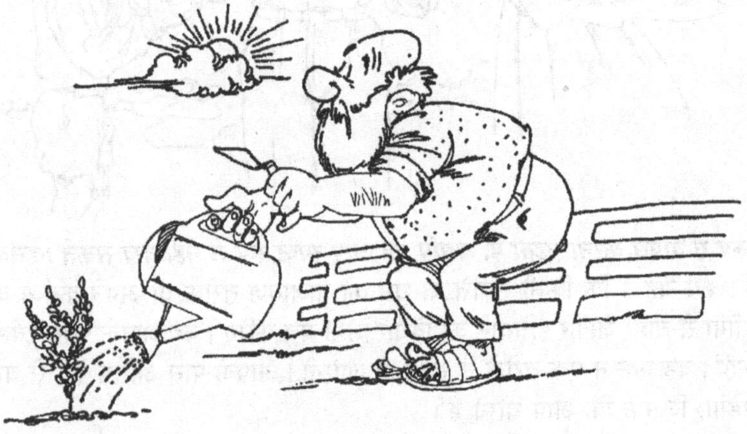

नोट : तनाव रहित कर्म करने की कला के विषय में अधिक जानकारी के लिए मेरी पुस्तक ***'तनाव-मुक्त कैसे रहें'*** का लेख ***'कर्मयोग-कुशलतापूर्वक व तनावरहित कार्य करने की कला'*** पढ़ें।

28. परिवर्तनों को अपनाइए

परिवर्तन प्रकृति का नियम है। जो सदा परिवर्तित होता रहे, उसे जगत कहते हैं, यही जगत या संसार की परिभाषा है। हर मिनट परिवर्तन हो रहा है। ***हम एक घंटा पूर्व जो थे, वह अब नहीं।***

इसलिए जीवन में परिवर्तन का विरोध मत करिए। सीखने और आगे विकास करने के अवसरों के रूप में परिवर्तनों का उपयोग करिए। यही परिवर्तन का दर्शन है। अगर कोई परिवर्तन न हो, तो हम सुस्त और गतिहीन हो जाएंगे। ***परिवर्तनों से घबराने के बजाय उनका आदर करना और अपने लाभ के लिए उनका उपयोग करना सीखिए।***

उदाहरणार्थ, मान लीजिए कि आपका एक स्थान से दूसरे स्थान पर ट्रांसफर हो जाता है, ऐसी स्थिति में नए स्थान व पद के बारे में तरह-तरह के संदेह, भय और नकारात्मक विचार करना शुरू मत कीजिए, क्योंकि असलियत के धरातल पर आप पाएंगे कि सारे भय केवल आपकी कल्पना में हैं। यहां की वास्तविकता भिन्न है। सच्चाई यह है कि यदि आप चाहें तो नकारात्मक परिस्थितियों में भी अपना विकास करना सीख सकते हैं। आपकी इच्छा-शक्ति सारे नकारात्मक प्रभावों पर विजय पा सकती है और आप अपनी इच्छा-शक्ति, दृढ़ निश्चय तथा सकारात्मक विचारों से नकारात्मक वातावरण को सकारात्मक बना सकते हैं।

नए विचारों और सुझावों का भी स्वागत कीजिए। अपने दिमाग को कुछ विचारों, सनकों और कल्पनाओं से बंद करके उसमें ताला मत लगाइए। याद रखिए, आप चाहे किसी भी स्तर पर हों, आपका आगे विकास करने का मार्ग हमेशा खुला रहता है।

नोट : जीवन में कर्म योग के सिद्धांत की अधिक जानकारी के लिए, कृपया मेरी पुस्तक ***'तनाव-मुक्त कैसे रहें'*** में ***'कुशलता पूर्वक व तनाव रहित कार्य करने की कला'*** का लेख पढ़ें।

29. लालच छोड़िए, प्रत्येक वस्तु परमात्मा की ही है

किसी भी चीज पर यह दावा मत करिए कि वह आपकी है। हर वस्तु केवल परमात्मा की है। जो कुछ आप अपना होने का दावा करते हैं, वह आपको अस्थायी रूप से आपके उद्देश्यों व लक्ष्यों को प्राप्त करने के लिए साधन के रूप में दी गई है इसीलिए कभी-न-कभी ये सभी चीजें एक-एक करके आपसे ले ली जाएंगी।

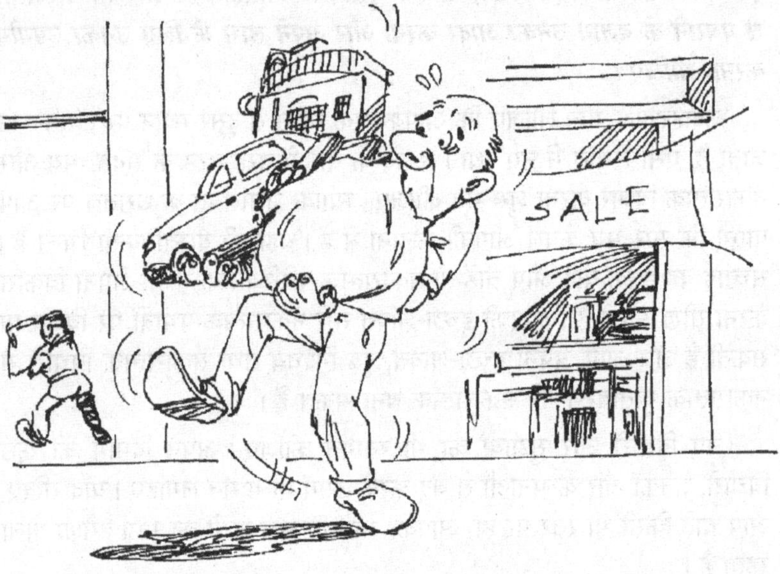

आपको इस बात को अच्छी तरह से समझ लेना चाहिए कि सांसारिक वस्तुएं तथा धन आपके विकास में सिर्फ एक साधन तथा नौकर की भूमिका निभाते हैं। लेकिन दुर्भाग्यवश आप इन वस्तुओं को अपना नौकर बनाने के बजाय अपना मालिक बना लेते हैं और खुद इनके नौकर बन जाते हैं, फिर ये आपको अपने अनुसार नचाती रहती हैं। इस दृष्टिकोण के कारण आपका आगे विकास का द्वार तुरंत बंद हो जाता है। यदि आप सांसारिक उलझनों व चक्रव्यूहों से साफ निकलना चाहते हैं तो इस बात को अच्छी तरह से गांठ में बांध लीजिए कि सांसारिक वस्तुएं तथा संपत्ति आपके द्वारा कब्जा करने के लिए नहीं है वरन् वह परमात्मा की धरोहर है और आपको अस्थायी प्रयोग के लिए दी गई है।

30. छोटे-छोटे कार्यों को भी महत्व दीजिए

आपको प्रत्येक कार्य, चाहे वह कितना भी छोटा हो, समान एकाग्रता से करना चाहिए। जब आपको हरेक चीज, चाहे वह छोटी हो या बड़ी, रुचिकर हो या अरुचिकर, महत्वपूर्ण लगने लगती है तब आप वास्तव में महानता के मार्ग पर आगे बढ़ने लगते हैं। ***आवश्यक नहीं कि आपके द्वारा कुछ बड़ी चीजों को सफलतापूर्वक पूर्ण करना महानता का चिह्न हो।*** जब बाहरी परिस्थितियां अनुकूल हों, तो

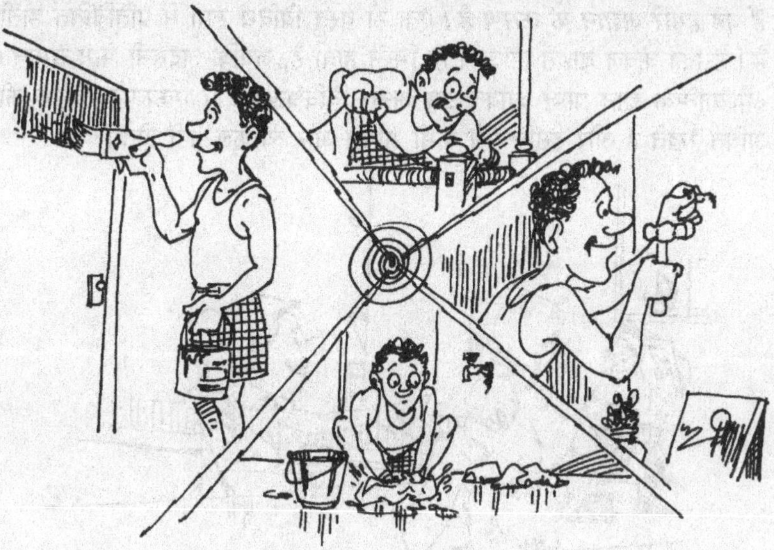

कभी-कभी मूर्ख भी साहसी कार्य कर सकते हैं। ***आपकी महानता का निर्णय इस बात से होता है कि आप अपने जीवन में केवल बड़े कार्यों को ही नहीं वरन् प्रत्येक छोटे कार्यों को भी किस प्रकार करते हैं।*** एक महान व्यक्ति द्वारा दोनों कार्यों को समान समर्पण और एकाग्रता से किया जाता है। चाहे वह एक मामूली बर्तन धोने का काम हो या किसी करोड़ों की योजना को कार्यान्वित करना हो। ***यह 'कर्मयोग' का भी सिद्धांत है, जिसमें हर कार्य को परमात्मा की आज्ञा समझा जाता है और उसे निस्वार्थ होकर परमात्मा के प्रति समर्पण की भावना से किया जाता है। कर्मयोगी के लिए कोई भी कार्य ऊंचा या नीचा नहीं। उसके लिए किसी भी कार्य में 'पसंदगी' या 'नापसंदगी' का प्रश्न ही नहीं उठता।***

31. निर्णय व चुनाव करते समय अस्थिर या चंचल न हों

संसार के हर क्षेत्र में अनंत विविधताएं हैं, जिसके कारण एक कमजोर मन वाला व्यक्ति किसी वस्तु का चुनाव करने और उनके बारे में निर्णय करने में आसानी से भ्रमित तथा पागल हो जाता है। परंतु यदि आप गहराई से विचार करें तो आप इस महान विविधता में एकता पाएंगे। ***हम इस संसार में जो द्वंद्व या विविधता देखते हैं वह हमारे अज्ञान के कारण है।*** एक ही वस्तु विविध रूपों में प्रतिबिंबित होती है। उसका केवल बाहरी आवरण ही भिन्न होता है, जबकि अंदरूनी भाग समान। आध्यात्मिक ज्ञान प्राप्त व्यक्ति इस अनंत विविधरूपता में एकरूपता देखने की शक्ति रखते हैं और इसलिए वे कभी भ्रमित और व्याकुल नहीं होते।

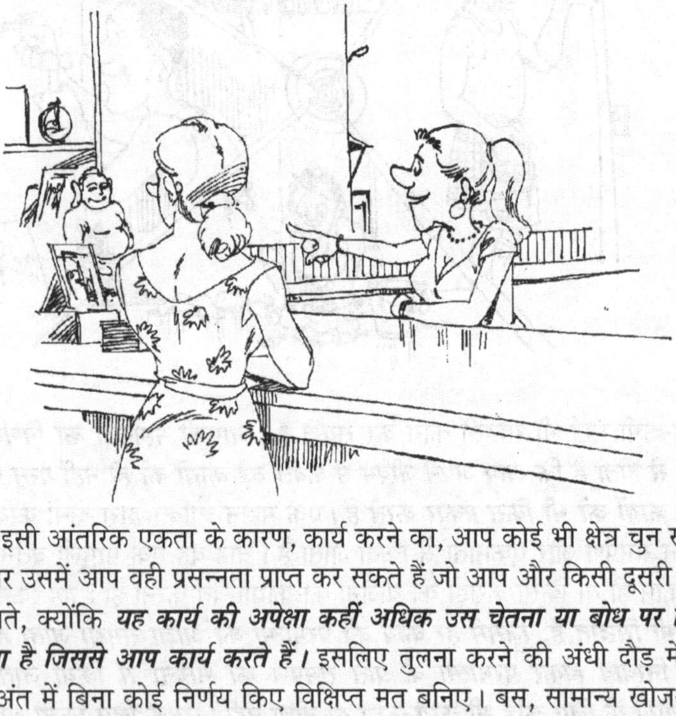

इसी आंतरिक एकता के कारण, कार्य करने का, आप कोई भी क्षेत्र चुन सकते हैं और उसमें आप वही प्रसन्नता प्राप्त कर सकते हैं जो आप और किसी दूसरी चीज से पाते, क्योंकि ***यह कार्य की अपेक्षा कहीं अधिक उस चेतना या बोध पर निर्भर करता है जिससे आप कार्य करते हैं।*** इसलिए तुलना करने की अंधी दौड़ में पड़ कर अंत में बिना कोई निर्णय किए विक्षिप्त मत बनिए। बस, सामान्य खोज-बीन और निरीक्षण के बाद अपने लिए एक विकल्प चुन लीजिए (चाहे वह कोई नौकरी या पत्नी चुनना हो अथवा बाजार से कोई वस्तु खरीदना हो) और फिर उसी में संतोष पाने का प्रयत्न करिए।

32. आप जितना देते हैं उससे अधिक पाते हैं

यह एक आश्चर्यजनक दिव्य नियम है कि चाहे ज्ञान हो अथवा भौतिक वस्तुएं, ***आप दूसरों को जो कुछ देते हैं, वह दोगुना-तिगुना होकर आपके पास वापस आता है।*** कुछ लोग दूसरों से अपना ज्ञान या भौतिक वस्तुएं छिपाने का प्रयत्न करते हैं ताकि दूसरे लोग उनके स्तर पर नहीं पहुंच पाएं। लेकिन सच्चाई यह है कि आप देकर अधिक प्राप्त करते हैं। आप अपना ज्ञान दूसरों को देकर अधिक ज्ञानवान बनते हैं। दूसरों को खुशी देकर आप अधिक प्रसन्न बनते हैं। दूसरों को धन देकर आप अधिक संपन्न बनते हैं। इसलिए दूसरों को देने में उदार बनें। एक कहावत है कि ***आप दूसरों को जो कुछ देते हैं, वह वास्तव में बचाते हैं और जो कुछ आप अपने पास रखते हैं, वह वास्तव में खो देते हैं।*** इस 'देन' और 'लेन' के जादू के पीछे यह दार्शनिक सिद्धांत है कि जब कभी आप देते हैं, आपकी चेतना का विस्तार होता है और आप अपनी वास्तविक प्रवृत्ति (या दिव्य प्रकृति जो आनंद, प्रसन्नता, शांति तथा अच्छाइयों से पूर्ण है) के अधिक निकट हो जाते हैं। इसके विपरीत जब हम दूसरों से केवल कोई चीज 'लेने' के बारे में विचार करते हैं, हमारी चेतना संकुचित हो जाती है और हम अपनी वास्तविक प्रवृत्ति से दूर होकर निम्न प्रवृत्ति के निकट हो जाते हैं। यह एक प्रकार की स्वार्थपूर्ण मनोवृत्ति है जो हमारे विकास को रोकती है और हमारे अंतिम लक्ष्य से हमें दूर करती है।

33. सारे विश्व को अपना परिवार समझिए

केवल अपने ही आराम, सुख, लाभ आदि के लिए हर कार्य को करना छोड़िए। इस सिद्धांत को स्मरण रखिए कि ***'अपने को सुखी रखने का सर्वोत्तम उपाय यह सुनिश्चित करना है कि दूसरे सुखी रहें।'***

आपको इस दृष्टिकोण से प्रयत्न और कार्य करने चाहिए कि केवल आप ही नहीं वरन् पूरा संसार बेहतर और सुखी बने। इसकी व्याख्या के लिए एक उदाहरण लीजिए–मान लीजिए गर्मियों के मौसम के लिए आपके कार्यालय में 'कूलर' नहीं है। यदि आप यह विचार करते हैं कि किसी तरह आपके कमरे में 'कूलर' लग जाए ताकि आप आराम से रह सकें, तो यह एक स्वार्थभरा दृष्टिकोण है। विचार करने का दूसरा तरीका यह है कि पूरे कार्यालय या सभी लोगों को 'कूलर्स' का लाभ मिले, और अगर वह संभव नहीं है, तो कूलर कहीं नहीं लगने चाहिए। यह एक व्यापक तथा उदार दृष्टिकोण है जिससे पूरे संसार को लाभ होगा। इसलिए भलाई या कल्याण संबंधी आपका विचार केवल आप तक या आपके निकटवर्ती लोगों तक सीमित नहीं रहना चाहिए। इसके घेरे में पूरा विश्व आ जाना चाहिए। ***यदि आप किसी को कहीं भी दुखी देखते या सुनते हैं, तो इससे आपके हृदय में वही दर्द उत्पन्न होना चाहिए जो आपको स्वयं के दुखी होने पर होता है।***

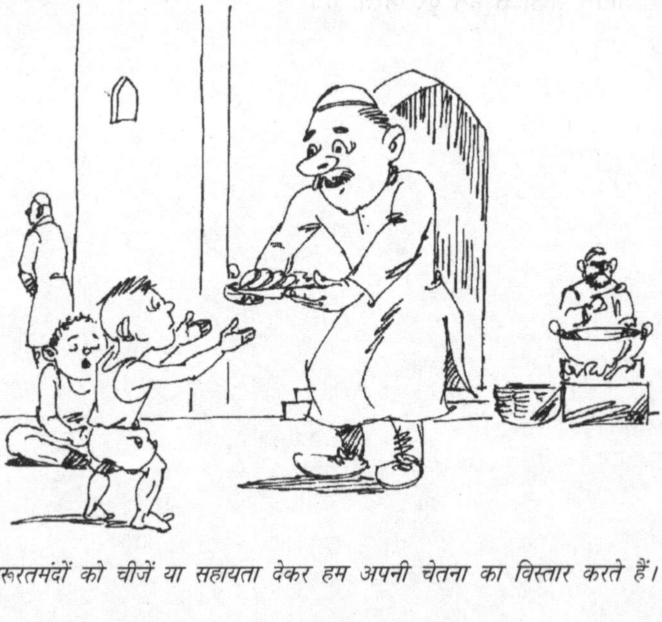

जरूरतमंदों को चीजें या सहायता देकर हम अपनी चेतना का विस्तार करते हैं।

मानसिक रूप से अपने को दूसरों की स्थिति में रखकर आपको उनकी समस्याओं को अपनी समस्याओं की तरह समझना चाहिए। आपको इसकी स्पष्ट अनुभूति होनी चाहिए कि जिन आरामों और विलासिताओं की आवश्यकता आपको होती है, दूसरों को भी उनकी आवश्यकता है; और जिन चीजों से आपको कष्ट या पीड़ाएं होती हैं, उनसे दूसरों को भी होती हैं। जब आप इस रूप में विचार करना प्रारंभ कर देते हैं तो आपकी चेतना विश्व परिवार की धारणा का विस्तार पा लेती है। इस स्थिति में प्रत्येक व्यक्ति से आपके संबंध एक जैसे होते हैं। फिर आपके लिए न कोई नजदीकी रह जाता है और न ही कोई दूर का।

संक्षेप में, हमें यह नीतिवाक्य सदैव स्मरण रखना चाहिए कि ***'दूसरों के कल्याण और सुख में ही हमारी अपनी खुशी या सुख है। यदि आपका पड़ोसी पीड़ा से चीख रहा है, तो आप कभी खुश नहीं रह सकते।***

34. सांसारिक लगाव कम कीजिए

संसार एक विशाल जंगल है। आप इसमें जितना अंदर घुसते जाएंगे उतना ही खोते और भ्रमित होते जाएंगे। आपके विकास का मार्ग संसार के विभिन्न अनुभवों की संख्या बढ़ाने में नहीं वरन् अपनी चेतना में गुणात्मक परिवर्तन करने में है। इस संसार में बहुत से लोग बिना विचारे एक दिशा से दूसरी दिशा की ओर भागते रहते हैं; वे अनेक नौकरियों, कई घरों, अनेक देशों, अनेक संबंधों, अनेक योजनाओं को बदलते रहते हैं, ताकि उन्हें जितने संभव हो सकें उतने विविध अनुभव प्राप्त हो जाएं। तथापि अंत में ऐसे लोगों को घोर निराशा का सामना करना पड़ता है। अतः उद्देश्यहीन कार्यों के विभिन्न अनुभवों को करने के बजाय आपके विकास के लिए जिस अनुभव की आवश्यकता है उसे अपने जीवन में स्वाभाविक रूप से खिलने दीजिए। इस संबंध में एक दिव्य नियम है ***"चीजों को अपने आप होने दीजिए, उनके साथ जबर्दस्ती मत करिए।"*** इसलिए सांसारिक विषयों में उतना ही लिप्त या शामिल होइए जितना आपके भलीप्रकार जीवित रहने और सांसारिक कर्तव्यों को पूरा करने के लिए आवश्यक है। इनमें अनावश्यक रूप से लिप्त होना, इधर-उधर घूमना, दूसरों के मामलों में झांकना या टांग अड़ाना और चुगलियों में भाग लेना आदि कार्यों से आपको बचना चाहिए। इसी प्रकार अपने निवेशों, जमीन-जायदाद, बैंक एकाउन्ट्स, अपने नाम पर चलने वाले बचत एकाउन्ट्स आदि की संख्याओं को घटा कर अपने सांसारिक बंधनों को कम करिए और जितना संभव हो सके जीवन को सरल बनाइए। सांसारिक मामलों में अनावश्यक और अतिरिक्त रूप से शामिल होना मन और ज्ञानेंद्रियों में व्याकुलता पैदा करता है, जो आपकी मानसिक शांति तथा आध्यात्मिक उन्नति के लिए अच्छा नहीं है।

35. अच्छी संगति चुनिए

अपनी संगति और मित्रों के चुनाव में सावधान रहिए, क्योंकि इनका आपके विचारों पर अप्रत्यक्ष रूप से बहुत प्रभाव पड़ता है। ***दुर्गुणों से युक्त लोगों, अविकसित मन वाले लोगों और भौतिकवादी दृष्टिकोण रखने वाले व्यक्तियों की संगत से बचिए।***

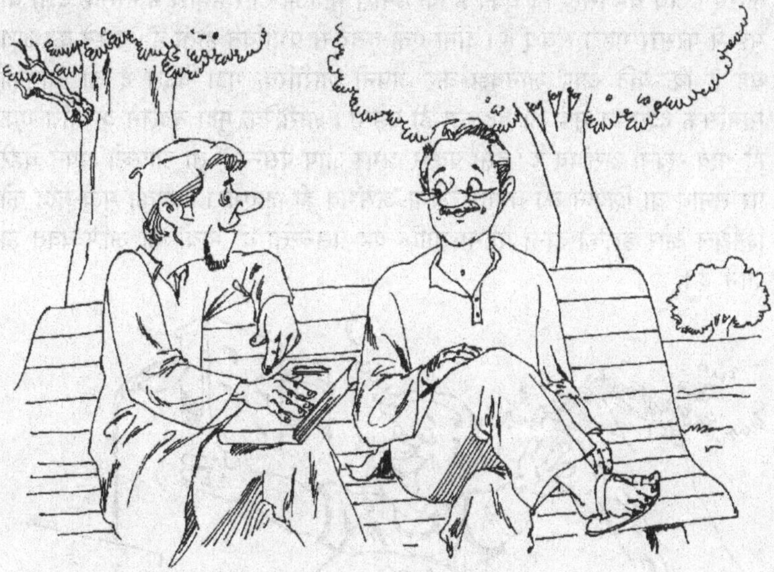

कुछ गिने-चुने ऐसे मित्र रखिए जिनको आप एक लंबे समय तक परख चुके हों और जिनसे आपका मन मिलता हो। एक बार मित्रता करने के बाद उनसे स्थायी मित्रता रखने का प्रयत्न करिए। बार-बार दोस्ती तोड़ना एक कमजोर और अविकसित मन का सूचक होता है। हमारे धर्म ग्रंथों में सत्संग (साधुओं और बुद्धिमानों की संगत) का जो इतना महत्व है उसका एकमात्र कारण यह है कि जब हम अच्छी, उत्थान करने वाली और गुणवान लोगों की संगत में होते हैं, तब हममें दूसरों के द्वारा निरंतर पड़ने वाले विधायक कंपन और आगमिक नियम (हम जो कुछ देखते, सुनते या निरीक्षण करते हैं, उसका सदैव अनुकरण करना चाहते हैं।) के अनुसार अपने आप बिना किसी प्रयत्न के सुधार होने लगता है।

36. सदैव मुस्कराइए

प्रयत्न करिए कि बात करते हुए, चलते हुए, बैठे हुए, खड़े हुए और हर समय आप अपने चेहरे पर स्वाभाविक मुस्कराहट रखें। ***इससे आप हर समय स्वाभाविक रूप से बिना प्रयत्न किए सकारात्मक रहेंगे।*** इसको आजमाइए और स्वयं अनुभव करिए। अब यह सिद्ध हो चुका है कि हमारी मुद्राओं और हमारी मानसिक दशा या मूड में परस्पर गहरा संबंध है। दोनों एक-दूसरे से प्रभावित होती हैं। कहने का अर्थ यह है कि यदि आप जानबूझ कर अपनी शारीरिक मुद्रा बदल दें तो आपकी मानसिक दशा या मूड को बदलना ही पड़ेगा। शारीरिक मुद्रा बदलने के साथ एक ही भाव रखना असंभव है। इसी प्रकार अगर आप प्रसन्न हैं तो आपको अपने चेहरे पर तनाव या शिकन को बनाए रखना असंभव हो जाएगा। आपकी मुख-मुद्रा को शिथिल और हलका होना पड़ेगा ताकि वह प्रसन्नता के भावों को अभिव्यक्त हो जाने दे।

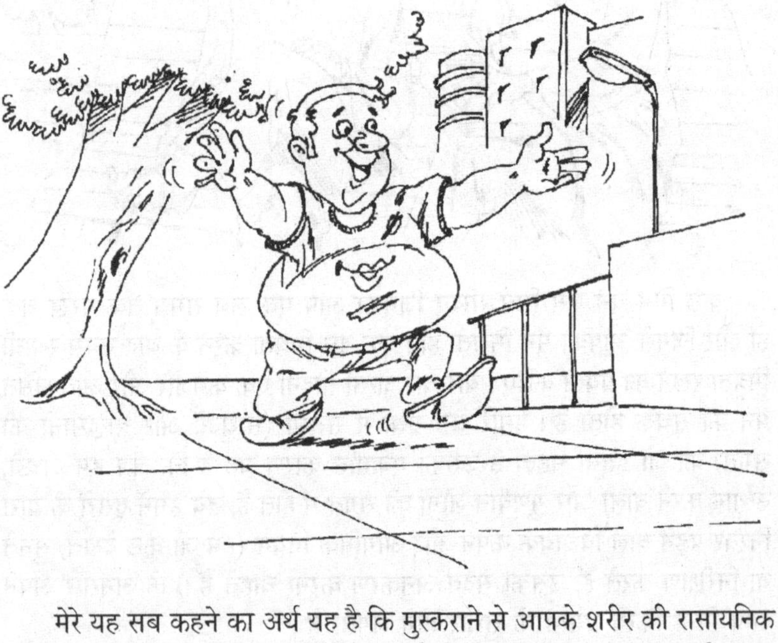

मेरे यह सब कहने का अर्थ यह है कि मुस्कराने से आपके शरीर की रासायनिक संरचना में इस प्रकार का परिवर्तन हो जाता है कि तनाव में रहना असंभव हो जाता है। अपने को हलका और स्वतंत्र अनुभव करने के लिए इस तथ्य का लाभ उठाइए। प्रयत्न कीजिए और स्वयं अनुभव करिए।

37. दूसरों से आशाएं मत करिए

किसी से कोई आशा या अपेक्षा मत करिए। उदाहरण के लिए यह मत सोचिए कि चूंकि वह आपका पुत्र है इसलिए उसे आपके लिए फलां कार्य करना ही चाहिए; फलां व्यक्ति आपका संबंधी है, इसलिए उसे आपके लिए वह काम करना चाहिए अथवा आपने किसी व्यक्ति के लिए बहुत कुछ किया है, तो उसे कम-से-कम इतना काम तो आपके लिए करना ही चाहिए।

ध्यान रखिए कि किसी की सहायता करके आप उस पर कोई उपकार नहीं कर रहे हैं। आप केवल परमात्मा का कार्य कर रहे हैं और इस अच्छे कर्म द्वारा अपने को पवित्र और ऊंचा बना कर आप मूल रूप से अपनी ही सहायता कर रहे हैं। दूसरे व्यक्ति ने केवल आपको यह करने का अवसर दिया है।

किसी को दी गई सहायता के बदले जैसे ही उसके बदले में कुछ पाने का विचार आपके मन में आता है, आप इस शुद्ध कार्य को एक व्यापारिक लेन-देन में बदल देते हैं और आपके कार्य से संलग्न आदर्श ही समाप्त हो जाता है। इसके अतिरिक्त जो सहायता आपके द्वारा दी जाती है, वह वास्तव में भगवान् के द्वारा दी जाती है। हमें तो अपनी इच्छा के कारण केवल एक शारीरिक माध्यम के रूप में चुना जाता है।

अतः यदि कोई आपकी सहायता के बदले में उचित उत्तर नहीं देता, तो उसके प्रति कोई बुरी भावना या द्वेष मत रखिए। बस निष्पक्ष रहिए। यदि कोई आपकी सहायता को मान्यता देता है तो उसके प्रति कृतज्ञ होइए। इसके अलावा यदि आप अपने अच्छे कार्य के लिए कोई पुरस्कार या सहायता चाहते हैं तो वह आपको परमात्मा से मांगनी चाहिए, उस व्यक्ति से नहीं। ***याद रखिए हमारे द्वारा किया गया कोई भी अच्छा कार्य कभी बेकार नहीं जाता। वह हमारे पास उचित रूप से किसी-न-किसी समय में पुरस्कृत होकर वापस आता है।***

38. सांसारिक वस्तुओं का संग्रह कम करिए

सांसारिक और विलासिता की वस्तुओं का संग्रह कम-से-कम, बस इतना करिए कि आप भली प्रकार से जीवित रह सकें और अपने आवश्यक काम कर सकें। सामान्य रूप से यह देखा जाता है कि हम अपनी आवश्यकताओं से कहीं अधिक वस्तुएं एकत्रित कर लेते हैं।

अनावश्यक रूप से अधिक-से-अधिक वस्तुओं को जोड़ने की प्रवृत्ति अंत में अनेक परेशानियों का कारण बनती है। उनकी सुरक्षा, नियमित देखभाल और उनको रखने के लिए जगह जुटाने में कई समस्याओं का सामना करना पड़ता है, इस चक्कर में आपको अपनी शक्तियों को भी बेकार में नष्ट करना पड़ता है।

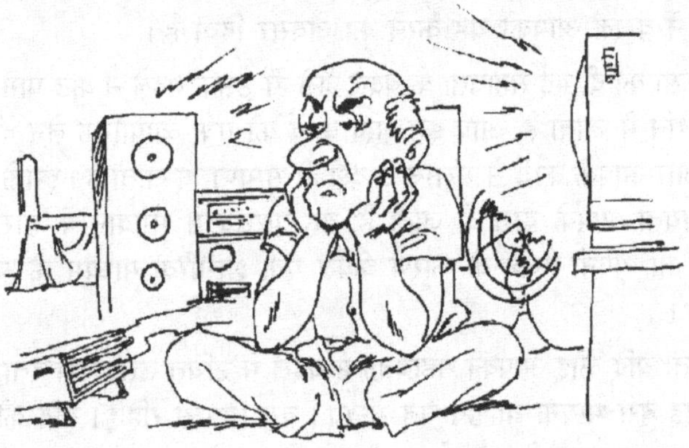

अनावश्यक वस्तुओं को जोड़ने से तनाव तथा परेशानी बढ़ती है

अधिक से अधिक वस्तुओं को एकत्रित करने और जमा करने का कारण यह है कि हम सांसारिक वस्तुओं तथा विलासिताओं के प्रति निर्भरता और मोह विकसित करना शुरू कर देते हैं; हम यह भूल जाते हैं कि किसी अधिक महान लक्ष्य को पाने के लिए ये सब केवल अस्थायी साधन हैं। हमें उनसे चाहे कितना लगाव हो, वे हमारे अंश नहीं बन सकते। वे स्वभावतः अस्थायी तथा नाशवान हैं और अंततः हमें छोड़ने वाले हैं। हम उनके मोह में जितना अधिक बंधते जाते हैं, अंत में उनके बिछुड़ने पर उतना ही अधिक निराश तथा दुखी होते हैं। अतः इससे पूर्व कि वे आपको कष्ट देना शुरू करें, बेहतर यही है कि आप उनके बंधनों को त्याग दें और स्वतंत्र हो जाएं। आपकी अपनी मूल जरूरतों तथा आरामदायक आवश्यकताओं की पूर्ति के लिए जितने कम से कम भौतिक साधनों की आवश्यकता हो उतने कम करने का प्रयत्न करिए और अनावश्यक रूप से अपनी संपत्ति बढ़ाने की प्रवृत्ति को रोकिए।

39. समस्याएं जीवन का अभिन्न अंग हैं

अधिकांश लोग यह सोचते हैं कि जब उनकी सब समस्याएं समाप्त हो जाएंगी, तब वे अपने जीवन के विकास का कार्यक्रम प्रारंभ करेंगे। लेकिन याद रखिए, ***समस्याएं जीवन का अभिन्न अंग हैं। वे कभी समाप्त नहीं होंगी। एक समस्या जाएगी, तो दूसरी आ खड़ी होगी।*** यह जीवन की प्रकृति है। जीवन इस प्रकार बना है कि आप विभिन्न समस्याओं का सामना करें और उनसे अपने विकास के लिए आवश्यक शिक्षा ग्रहण करें। यह केवल आपके साथ नहीं है, हरेक के साथ है। कोई भी बिना समस्याओं के नहीं है।

समस्याओं को अपने विकास की प्रक्रिया में बाधा न समझिए। आप कैसी भी दयनीय स्थिति में हों, जिन क्षेत्रों में विकास कर सकते हैं करते जाइए, क्योंकि आप कैसी भी स्थिति में हों, विकास करने के कुछ द्वार आपके लिए हमेशा खुले रहते हैं। ***कोई भी व्यक्ति चाहे कितना ही दुष्ट क्यों न हो उसके सभी दरवाजे कभी बंद नहीं होते।***

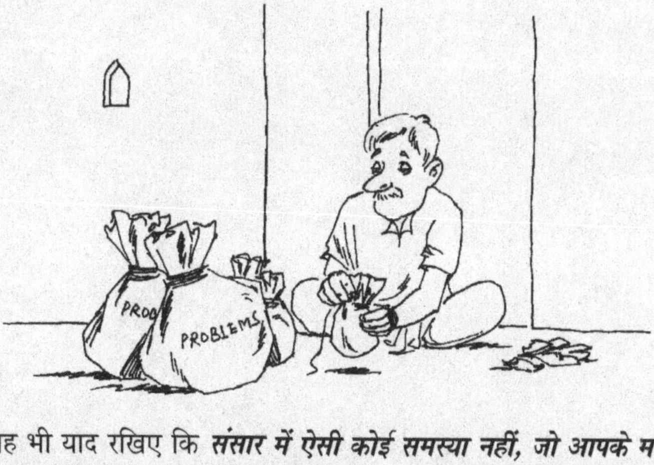

यह भी याद रखिए कि ***संसार में ऐसी कोई समस्या नहीं, जो आपके मन की शक्ति से अधिक शक्तिशाली हो और हल न हो सकती हो।*** यह जीवन का सामान्य अनुभव है कि जब समस्याएं आती हैं तो उनके साथ उनके हल या समाधान भी आते हैं। हमारे ऊपर हमारी क्षमता और साधनों से अधिक भार कभी नहीं डाला जाता। हमें उतनी ही समस्याएं दी जाती हैं, जिनसे हम निपट सकते हैं। यदि हम अपनी समस्या को अपने पिता (परमात्मा) के सामने भी खुले हृदय से रखना सीख लें, तो प्रत्येक समस्या का उचित समाधान और भी शीघ्र मिल जाए।

कोई यह सोचे कि उसके जीवन में समस्याएं कभी न आएं तो उसका जीवन बहुत आरामभरा हो जाएगा। ***इसे मान कर चलिए कि जीवन में सदैव उतार-चढ़ाव और अप्रत्याशित परिस्थितियां आती रहेंगी। आपको किसी भी परिस्थिति के लिए सदैव तैयार रहना है। ऐसा ही नियम है। इसलिए, आप समस्याओं का स्वागत करना सीख सकें तो हमारे-आपके ऊपर उनकी पकड़ और प्रभाव कम होता जाएगा और आप उनके सेवक बनने के बजाय उनके स्वामी बन जाएंगे।***

आपको यह भी अनुभव करना चाहिए कि परमात्मा द्वारा आपको जो आराम दिए गए हैं, उनकी तुलना में समस्याएं कुछ भी नहीं हैं। जीवन के आराम और विलासों का सुख लेते हुए आप न परमात्मा को धन्यवाद देते हैं और न यह पूछते हैं कि ये आराम क्यों दिए गए; लेकिन पीड़ाओं और समस्याओं के सामने हम इतने परेशान हो जाते हैं कि परमात्मा को बात-बात पर कोसते हैं। क्या यह एक तर्कहीन तथ्य नहीं? यदि आप परमात्मा को अपनी सुख-सुविधाओं के लिए धन्यवाद देना शुरू कर दें, तो समस्याओं का प्रभाव अपने-आप कम हो जाएगा। परमात्मा द्वारा दिए गए छोटे-से-छोटे आराम के लिए आपको उसके प्रति धन्यवाद देने का भाव अपनाना चाहिए।

नोट : जीवन में आने वाली समस्याओं और बंधनों के पीछे जीवन दर्शन और आध्यात्मिक नियमों को जानने के लिए मेरी पुस्तक ***'तनाव-मुक्त कैसे रहें।'*** में लेख ***'जीवन की समस्याएं और सीमाएं'*** पढ़ें।

40. जितना लें, उससे अधिक दें

धरती पर रहते हुए आप अपने परिवार, पूर्वजों, देश और समाज से अनेक वस्तुएं व लाभ प्राप्त कर चुके हैं और प्राप्त करते आ रहे हैं। आप समाज और प्रकृति से जितना लेते हैं उससे अधिक उसे वापस कर सकें, तभी इस धरती पर आपका जीवन

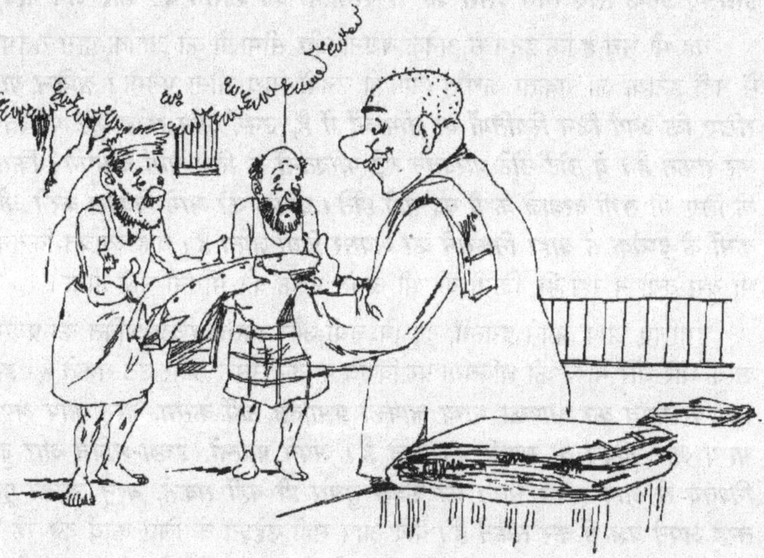

सार्थक समझा जाएगा। यदि आप समाज को बिना उचित प्रतिदान दिए एक परजीवी की भांति उसी को खाए जा रहे हैं तो आप इस धरती पर केवल एक भार हैं। आप समाज को विभिन्न रूपों में कुछ-न-कुछ दे सकते हैं, जैसे आप उसे अपने ज्ञान और अनुभव से लाभ पहुंचा सकते हैं अथवा अपने ज्ञान और अनुभव पर आधारित कोई व्यावहारिक कार्य करके उसकी सेवा कर सकते हैं।

41. बंधनों से ऊपर उठिए

यद्यपि आप उन्नति करना चाहते हैं, तो भी आपके जीवन में कुछ बंधन हैं जो आपकी उन्नति का मार्ग रोके हुए हैं। याद रखिए कि आपके साथ ये सभी सीमाएं कर्म या भाग्य के विधान के अनुसार हैं जो आपके द्वारा किए गए पिछले कर्मों पर निर्भर हैं, ***इसलिए इनके लिए स्वयं दूसरों को या परमात्मा को कोसने का कोई अर्थ नहीं।***

यह भी सच है कि इनमें से अनेक बंधनों और सीमाओं को आपके द्वारा रातभर में नहीं हटाया जा सकता अर्थात् आपको उनके साथ जीना पड़ेगा। ***लेकिन याद रखिए कि आप जिन स्थितियों या सीमाओं में हैं, उनमें आप सदैव कुछ परिवर्तन कर सकते हैं। ये छोटे-छोटे परिवर्तन बड़े परिवर्तनों के लिए मार्ग बनाएंगे। किसी के लिए भी सभी दरवाजे कभी बंद नहीं होते। प्रत्येक को आगे विकास करने और कर्मों के दुष्चक्र से बाहर निकलने का अवसर दिया जाता है।*** चाहे व्यक्ति कितना भी बुरा क्यों न रहा हो, किसी को भी अनंत नरक को भोगना नहीं होता।

इसलिए आप अपने प्रयत्नों, दृढ़ निश्चयों और स्वतंत्र इच्छा-शक्ति का प्रयोग करके धीरे-धीरे भाग्य की शक्तियों पर विजय पा कर उससे ऊपर उठ सकते हैं। ***इस स्तर पर पहुंच कर आपका भाग्य आपको प्रभावित नहीं करता, वरन् आप अपने भाग्य और जीवन के स्वामी बन जाते हैं। अपने प्रयत्नों, इच्छा-शक्ति और दृढ़ निश्चय से आप अपने भाग्य को केवल सुधार ही नहीं सकते, वरन् उसको पूरी तरह अपने वश में कर सकते हैं।*** यदि आप सही उद्देश्य के लिए कार्य कर रहे हैं और आपमें शक्तिशाली संकल्प और इच्छा है तो इस धरती और आकाश में ऐसी कोई शक्ति नहीं, जो आपकी सफलता को रोक सके। आपके मिशन या उद्देश्य के सामने विश्व की समस्त शक्तियां नतमस्तक हो जाएंगी।

42. स्वस्थ मन के लिए सात्विक भोजन

आपका भोजन आपके मन पर महत्वपूर्ण प्रभाव डालता है। चाय, कॉफी, शराब, दवाएं, सिगरेट, कोकोआ, तली हुई चीजें, मिर्च-मसाले, मिठाइयां, बहुत गर्म या बहुत ठंडी खाने-पीने की चीजें आदि मन पर या तो उत्तेजनापूर्ण प्रभाव डालती हैं या अवसादपूर्ण। ये मस्तिष्क के संतुलन को बिगाड़ देती हैं। इसी भांति अधिक भोजन करना अथवा थोड़ी-थोड़ी देर बाद कुछ-न-कुछ खाते रहना भी शारीरिक और मानसिक स्वास्थ्य के लिए अच्छा नहीं है। ***अच्छे स्वास्थ्य का एक रहस्य सदैव थोड़ा भूखा रहना है।***

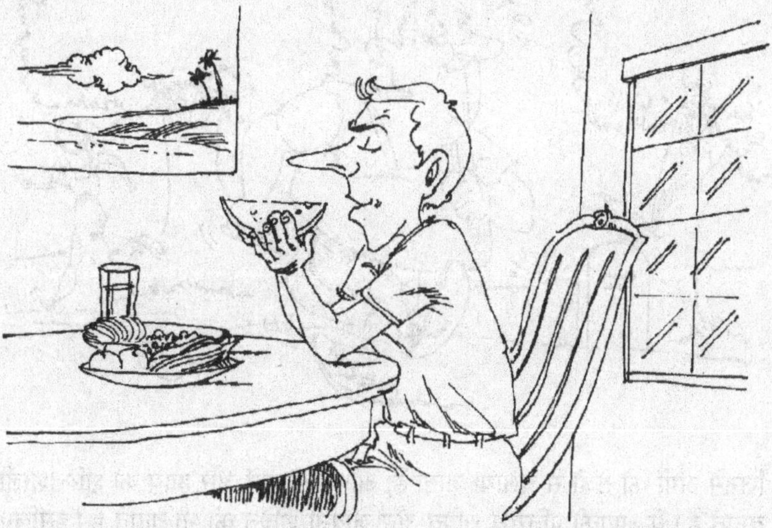

अपने मन को शुद्ध रखने और आंतरिक अंगों की सफाई के लिए पर्याप्त मात्रा में पानी पीजिए, सब्जियां तथा फल खाइए। अपने स्वास्थ्य और मन पर नियंत्रण पाने के लिए कभी-कभी व्रत रखना बहुत अच्छा है। यह भी महत्वपूर्ण है कि आप जब तनाव में हों, तो भोजन न करें। जल्दबाजी में भोजन न करें। ऐसी अवस्था में भोजन ठीक से पचता नहीं, परिणामस्वरूप जहर-सा बन जाता है। भोजन सदैव शांत मन से करें। यदि ऐसा संभव न हो तो भोजन करने को टाल जाएं।

नोट : अच्छे स्वास्थ्य व भोजन संबंधित विविध जानकारी के लिए मेरी पुस्तकें **'Health Charts and Tables for You'** तथा **'Foods that are killing you'** पढ़िए।

43. नियमित व्यायाम

नियमित रूप से योगासनों व शारीरिक व्यायामों से हमारी मांसपेशियों का तनाव और कठोरपन दूर होता है और वे स्वस्थ और लचीली बनती हैं। इससे मांसपेशियों को आराम भी मिलता है। शारीरिक शिथिलता मानसिक तनाव को भी खत्म करती है, क्योंकि शरीर और मन एक-दूसरे से घनिष्ठ रूप से संबंधित हैं। 'एरोबिक' व्यायाम,

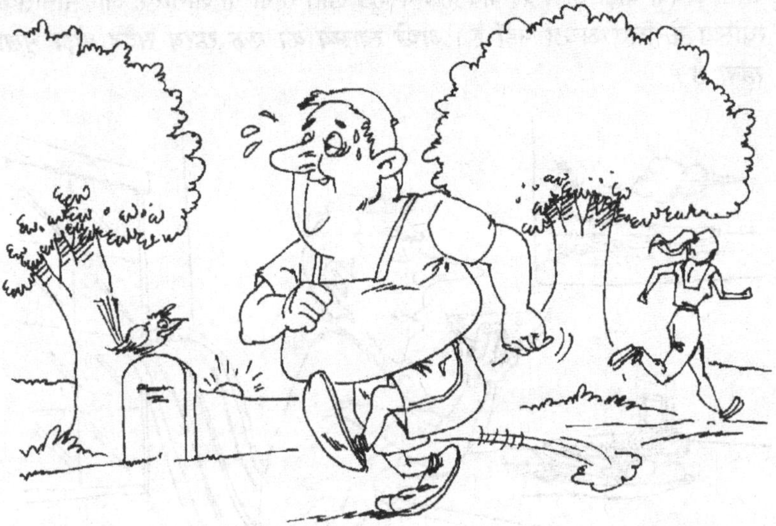

जिनमें अंगों को तेजी से चलाया जाता है, आपके फेफड़ों और हृदय को शक्तिशाली बनाते हैं। ये आपकी प्रतिरोध शक्ति और जीवनी शक्ति को भी बढ़ाते हैं। इसलिए शारीरिक व्यायाम, 'जॉगिंग' और योगासनों को नियमित रूप से करिए। श्वास-प्रश्वास के व्यायाम अथवा प्राणायाम भी आपके मन को शांत और संतुलित बनाने के लिए लाभदायक हैं।

नोट : शरीर को स्वस्थ रखने के लिए विभिन्न प्रकार की Yogic exercises जानने के लिए मेरी पुस्तक **'Freedom from Cervical and Backpain'** पढ़िए।

44. विश्राम और शिथिलीकरण

आपको अपने दैनिक जीवन के कार्यों को करते हुए बीच-बीच में उचित विश्राम जरूर लेना चाहिए। यदि क्रिया और विश्राम का यह संतुलन बिगड़ जाता है तो आपकी कार्य कुशलता घट जाती है और ज्यादा समय तक कार्य करने के बावजूद आप ज्यादा अच्छा परिणाम नहीं दे पाते। विश्राम या शिथिलीकरण में आप शरीर और मन दोनों को शिथिल करते हैं। शारीरिक शिथिलीकरण करने के लिए फर्श या सख्त बिस्तर पर अपने प्रत्येक अंग को थोड़ी देर तक तानने और हिलाने के बाद शवासन की मुद्रा में चित लेटा जाता है।

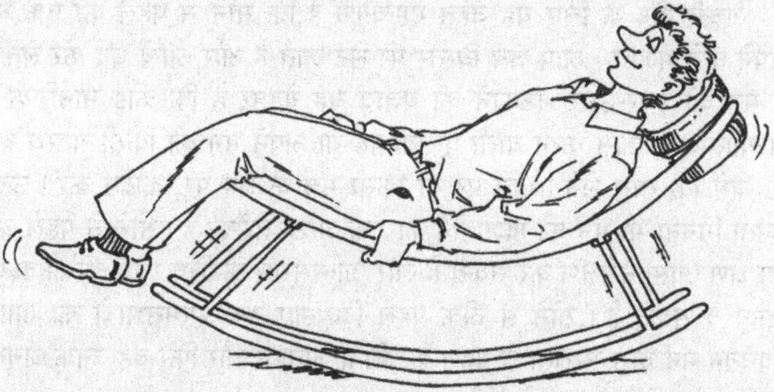

मानसिक शिथिलता पाने के लिए मन का ध्यान किसी निष्पक्ष या तटस्थ चीज पर केंद्रित करते हैं, जैसे सांस पर या किसी मंत्र आदि पर। इससे मन में प्रतिक्षण आने वाले हजारों विचारों को शांत करने में सहायता मिलती है। सच्चे शिथिलीकरण या पूर्ण विश्राम में आप अपने शरीर और चारों ओर के वातावरण को पूरी तरह भूल जाते हैं। कार्यों के बीच में थोड़े-थोड़े अंतराल के बाद किए जाने वाले ऐसे शिथिलीकरण द्वारा आप नई ऊर्जा से अपने को फिर से शक्तियुक्त बना लेते हैं।

शरीर और मन को तनाव मुक्त करने के लिए और भी कई तरह की विधियां प्रयोग की जा सकती हैं, जैसे ऊपर दिखाए गए चित्र में एक व्यक्ति Rocking Chair में आगे-पीछे हिलकर अपने मन व शरीर को शिथिल कर रहा है।

नोट : विभिन्न प्रकार के विश्राम और शिथिलीकरण विधियों के विषय में अधिक जानकारी के लिए मेरी पुस्तक ***'तनाव-मुक्त कैसे रहें'*** (English में **'How to Control Mind and be stress free'**) पढ़ें।

45. अच्छी नींद लीजिए

यह भी बहुत महत्वपूर्ण है कि आप रात में सोने किस तरह जाते हैं और आपकी नींद की अवस्था कैसी है। सोने से पहले अपने मन को जंगली जानवर की तरह उद्देश्यहीन छोड़ देना और इधर-उधर भटकने देना अच्छी नींद नहीं लाता। इससे आप हर तरह के दुःस्वप्नों में पड़ जाते हैं, जिनमें आप चीखते-चिल्लाते, पैर मारते, कूदते, घूंसे खाते-मारते और कुश्ती लड़ते हैं। इसका परिणाम यह होता है कि सुबह जब आप उठते हैं, तो अपने को तरोताजा और शक्तिभरा पाने की बजाय थका हुआ तथा बेचैन पाते हैं।

अच्छी नींद के लिए यह बहुत महत्वपूर्ण है कि सोने से पहले का एक घंटा आपने कैसे गुजारा। आप जब बिस्तर पर लेट जाते हैं और आंखें बंद कर लेते हैं, तो मन को इधर-उधर भटकाने की बजाय यह बेहतर है कि कोई मानसिक या आध्यात्मिक विकास करने वाली पुस्तक पढ़ें या अपने मन को किसी तटस्थ वस्तु पर, जैसे कि सांस लेने-छोड़ने पर या किसी मंत्र के जप पर, केंद्रित करें। उलटी गिनती गिनना भी मन को दिशा देने का एक अच्छा तरीका है। सोने से पहले आप कुछ क्षण आत्मनिरीक्षण कर सकते हैं और आत्मसुधार के लिए स्वयं को आवश्यक सुझाव दे सकते हैं। सोने से ठीक पहले दिए गए इन आत्मसुझावों को आपके अवचेतन मन द्वारा सरलता से ग्रहण कर लिया जाता है और फिर वह उनके अनुसार कार्य करना भी शुरू कर देता है।

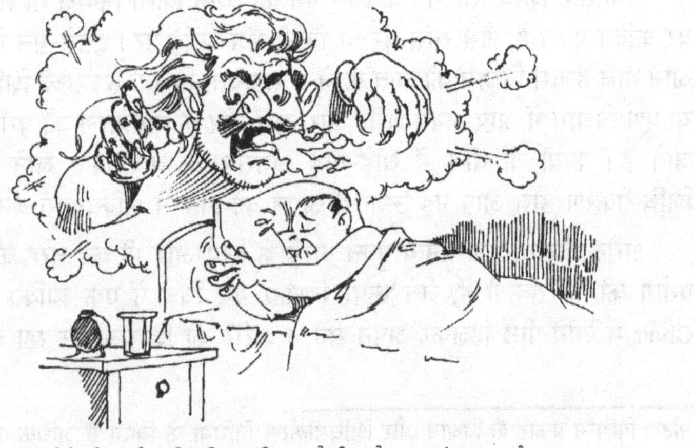

सोने से पूर्व अनियमित जीवन शैली और अशांत मन के कारण अच्छी नींद आने के बजाय भयानक स्वप्न आ सकते हैं।

आपकी निद्रा की गुणवत्ता पर आपकी जीवन शैली भी प्रभाव डालती है। उदाहरण के लिए सात्विक भोजन करने एवं सात्विक जीवन शैली जीने से अधिक शांतिपूर्ण-सुखद नींद आती है जबकि तामसिक भोजन और राजसिक जीवन शैली द्वारा दुःस्वप्न पैदा हो सकते हैं।

सोते समय आपके शरीर की मुद्रा, तकिए की मोटाई, दरी या बिस्तर की किस्म आदि का भी नींद की किस्म पर प्रभाव पड़ता है। आप किस दिशा में सिर या पैर किए सो रहे हैं इसका भी नींद पर असर पड़ता है। उदाहरण के लिए उत्तर दिशा में सिर करके सोने को मना किया जाता है क्योंकि इससे आपकी शारीरिक ऊर्जा तथा पृथ्वी की चुंबकीय ऊर्जा में एक असमन्वय की स्थिति पैदा हो जाती है।

46. प्राकृतिक चिकित्सा को अपनाएं

हमारी काया एक शारीरिक मशीन है। इसे तरह-तरह के दुख, पीड़ाएं और बीमारियां झेलनी पड़ती हैं जो इस बात पर निर्भर करता है कि आप इसकी कितनी देखभाल करते हैं–वैसे कुछ कारक आपके हाथ में भी नहीं हैं।

अपने दर्द को दूर करने के लिए अन्य विभिन्न साधनों के अलावा आप अपनी मानसिक शक्ति का भी उपयोग कर सकते हैं क्योंकि शरीर मन के सीधे नियंत्रण में है। आप अपने मन को (आंखें बंद कर), जिस भाग में पीड़ा हो रही है, वहां केंद्रित कर प्राणों के प्रवाह को उस विशिष्ट स्थान पर बढ़ा सकते हैं और इसके द्वारा उस दर्द को दूर कर सकते हैं। इसके साथ ही आत्म-सुझाव देकर और उस स्थान को मन की आंखों में स्वस्थ रूप में देख कर इस प्रयोग के प्रभाव को और भी बढ़ाया जा सकता है।

पीड़ा को दूर करने की भौतिक रीतियों में प्राकृतिक चिकित्सा को प्राथमिकता देनी चाहिए। प्राकृतिक चिकित्सा की रीतियों में जल चिकित्सा, योग, व्रत, मिट्टी से रोगोपचार, मालिश, एक्यूप्रेशर, सूर्य चिकित्सा, भोजन द्वारा रोगोपचार, रंगों द्वारा चिकित्सा आदि शामिल हैं। केवल आपात स्थिति में ही एलोपैथिक दवाइयां ली जानी चाहिए, सामान्य रूप से स्वस्थ होने के लिए नहीं।

नोट : प्राण और शरीर में उसके प्रवाह के बारे में अधिक जानकारी के लिए मेरी पुस्तक **'Healing through Reiki'** (an experience with Life Energy) पढ़िए।

प्राकृतिक चिकित्सा व योग से रोगों के उपचार के विषय में अधिक जानकारी के लिए मेरी पुस्तकें **'Chronic Diseases', 'Heart Care'** तथा **'Freedom from Cervical and Back pain'** पढ़िए।

47. मृत्यु से भय क्यों?

मृत्यु जीवन का एक बहुत ही प्राकृतिक नियम है और जो कुछ भी प्राकृतिक नियमों के अनुसार होता है वह न तो पीड़ादायक होता है और न ही डरावना, इसलिए उससे डरना नहीं चाहिए।

मृत्यु बस एक जीवन से दूसरे जीवन में जाने का संधिकाल है। यह एक विश्राम काल है और साथ ही दो जीवनों के बीच आत्म-मूल्यांकन का अवसर। मृत्यु के बाद आप ठीक वैसे ही होते हैं जैसे मृत्यु से पहले, सिवाय इसके कि आपके पास भौतिक शरीर नहीं होता और आप सूक्ष्म जगत में रहते हैं, जो कि भौतिक जगत से बिल्कुल अलग है।

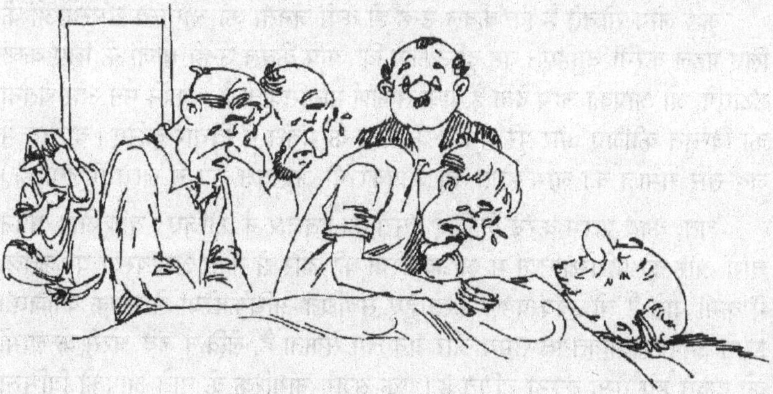

यह कहा जाता है कि जो मृत्यु से नहीं डरता, मृत्यु उससे डरती है। वह मृत्यु को अपनी मुट्ठी में बंद रखता है। ऐसा व्यक्ति हम लोगों के विपरीत, जो डरते हुए तथा बेहोशी की हालत में मौत के मुंह में जाते हैं, चेतन और निर्भय रहते हुए मृत्यु को प्राप्त करता है।

नोट : मृत्यु और उसके भय से मुक्त होने के विषय में अधिक जानकारी के लिए मेरी पुस्तक **'How to Overcome Fear'** पढ़िए।

48. पहल आपको ही करनी होगी

ज्यादातर लोग समाज की विभिन्न अव्यवस्थाओं और समस्याओं के लिए सरकार या जनता पर दोष लगाते रहते हैं, लेकिन वे इन अव्यवस्थाओं को दूर करने के लिए अपनी ओर से शायद ही कोई प्रयत्न करते हों। केवल दूसरों को दोष देने से कुछ नहीं होता, क्योंकि खराब लोग जो अपने कर्तव्यों का पालन करने में लापरवाह और भ्रष्ट होते हैं, सदैव रहेंगे। लेकिन यदि आप स्वयं पहल या अगुआई करें, उनसे बार-बार मिलें, उनको तथा उनके उच्च अधिकारियों को अकसर लिखते रहें, तो कोई-न-कोई कार्यवाही निश्चित रूप से होगी, भले ही वह आपकी आशाओं से कम हो।

कुछ लोग सोचते हैं कि केवल उन्हें ही क्यों जनता की सामान्य समस्याओं के लिए पहल करनी चाहिए। यह दृष्टिकोण कि आप केवल उन्हीं चीजों के लिए कष्ट उठाएंगे, जो आपको लाभ देती हैं, एक संकीर्ण मानसिकता है। अपने मन और चेतना को विस्तृत कीजिए और पूरे समाज के लाभ के संबंध में विचार करिए। वास्तव में जब सारे समाज का लाभ होगा, तो आपको भी अप्रत्यक्ष रूप से लाभ मिलेगा ही।

अतः कार्य प्रारंभ करने के लिए दूसरों का इंतजार न कीजिए। यदि आप अपने चारों ओर की परिस्थितियों में अधिकारियों की ओर से कोई अव्यवस्था या कर्तव्य में कमी पाते हैं तो स्वयं पहल करते हुए संबंधित अधिकारियों से संपर्क कीजिए। इसमें आपका व्यक्तिगत समय और धन लग सकता है, लेकिन लंबे अरसे के लाभों को देखते हुए ऐसा करना उचित है। एक सजग नागरिक के नाते आपको विभिन्न अन्यायों और अव्यवस्थाओं के विरुद्ध अपनी आवाज उठानी चाहिए। यह आपका अधिकार भी है और कर्तव्य भी।

49. संसार को बदलने के लिए स्वयं को बदलिए

व्यक्तियों से मिल कर ही समाज या संसार बना है। ***समाज या संसार जैसा है उसको बनाने में हर इनसान अपना योगदान देता है। प्रत्येक व्यक्ति संसार में अपना एक विशिष्ट और महत्वपूर्ण स्थान रखता है और जहां वह रहता या कार्य करता है, वहां वह अपना एक निश्चित प्रभाव छोड़ता है– संसार या समाज उससे अछूता नहीं रह सकता।***

यदि हर व्यक्ति स्वयं को थोड़ा बदले तो संसार को बदलना बहुत सरल हो जाएगा। ***इसलिए अगर आप संसार को बदलने या परिवर्तित करने की इच्छा करते हैं, तो पहली बात यह है कि स्वयं को बदलना शुरू करें।*** केवल एक-दूसरे पर या समाज पर दोषारोपण करने से संसार नहीं बदलता। यह कहना कि ***'जब तक दूसरे नहीं बदलते केवल आपके बदलने से क्या होता है', एक गैरजिम्मेदारी की बात है।*** आपके द्वारा शुरुआत करने के बाद दूसरे भी आपका अनुकरण कर सकते हैं। आपमें होने वाले परिवर्तन से निश्चित रूप से समाज में परिवर्तन आएगा, चाहे वह अनुपात में कितना ही छोटा क्यों न हो।

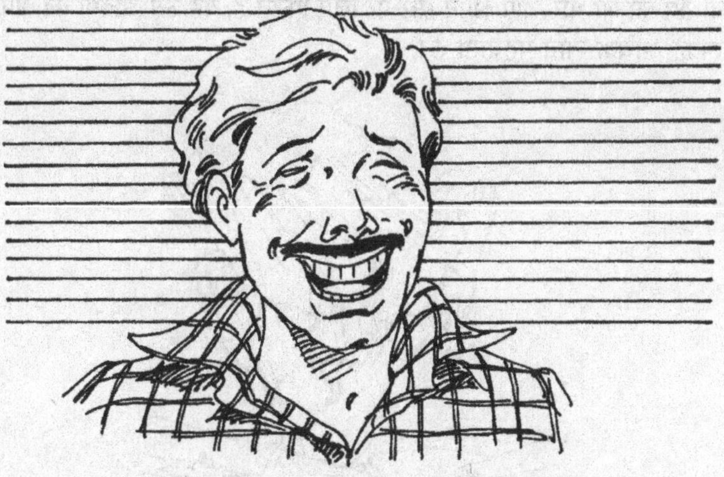

जब आप स्वयं खुश हैं, तभी आप औरों को खुशी दे सकते हैं।

जब एक बार आप अपने को बदलना शुरू कर देंगे, आप पाएंगे कि आपके चारों ओर का वातावरण और लोग भी संगत से होने वाले प्रभाव के कारण स्वतः बदलना शुरू हो गए हैं।

50. बुराइयों का बदला न लीजिए

क्षमाशीलता के दृष्टिकोण का विकास कीजिए। दूसरों के द्वारा की गई गलतियों को भूलना और क्षमा करना सीखिए, उनका प्रतिशोध या बदला न लीजिए। यह कहा जाता है कि प्रतिशोध एक ऐसा खेल है, जिसको खेलने वाले खत्म हो जाते हैं, पर खेल कभी खत्म नहीं होता। इस बारे में जीसस क्राइस्ट का उदाहरण यहां प्रस्तुत करने योग्य है। उन्होंने उन लोगों के लिए भी जो उन्हें क्रॉस पर लटकाने के लिए जिम्मेवार थे, परमात्मा से प्रार्थना की थी कि वह उन्हें क्षमा कर दे। प्रतिशोध और गुस्से की आग को बुझाने के लिए क्षमाशीलता एक मरहम की तरह काम करती है। ***दूसरा व्यक्ति क्षमा के योग्य न भी हो, तो भी क्षमा कर आप तो हलके हो ही सकते हैं।***

क्रोध या घृणा से जलते हुए हृदय के लिए क्षमा एक आरामदायक मरहम की तरह कार्य करती है और आपको तत्काल हलका तथा स्वतंत्र बना देती है। इसकी कोई सार्थकता नहीं कि दूसरा व्यक्ति क्षमा करने योग्य है अथवा नहीं, लेकिन कम से कम आप अपनी मानसिक स्वतंत्रता के पात्र हैं। दूसरे को क्षमा नहीं करके घृणा तथा द्वेष का जो भार आप अपने सिर पर लिए फिरते हैं, वह उस आदमी की अपेक्षा आपको अधिक हानि पहुंचाता है।

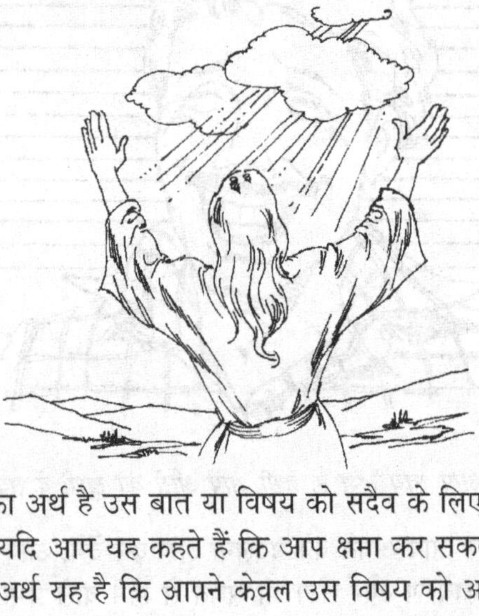

क्षमा करने का अर्थ है उस बात या विषय को सदैव के लिए समाप्त कर देना और भूल जाना। यदि आप यह कहते हैं कि आप क्षमा कर सकते हैं पर भूल नहीं सकते तो इसका अर्थ यह है कि आपने केवल उस विषय को अपने चेतन मन के नीचे दबा दिया है।

51. शंका-संदेह नहीं, विश्वास रखिए

सदा दूसरों के प्रति शंका-संदेह का दृष्टिकोण मत रखिए। किसी के प्रति अपने मन में इस पूर्वग्रह या पक्षपात से विचार करना न शुरू कीजिए कि वह एक झूठा व मक्कार है और निश्चित रूप से आपको धोखा देगा तथा लूट लेगा। इस बारे में एक उक्ति है, ***"दूसरे व्यक्ति पर विश्वास नहीं करने से धोखा खाना बेहतर है।"***

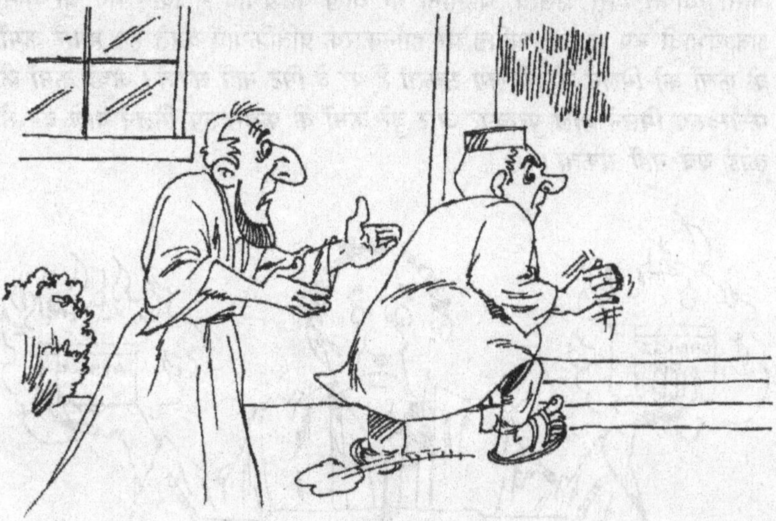

आपके विश्वास के बावजूद यदि कोई आपको धोखा देता है, वह वास्तव में सबसे पहले अपने को धोखा देता है। कर्म के नियमानुसार वह उससे कहीं अधिक कष्ट पाता है, जितना वह आपको देता है। आध्यात्मिक नियमों के अनुसार, जो भी व्यक्ति आपके साथ अच्छाई या बुराई करता है, वह अपने-आप उसके फलस्वरूप सुख या दुख पाता है। आप इसके लिए क्यों परेशान होते हैं? ***कोई भी व्यक्ति अपने द्वारा किए गए दुष्कर्म से कभी नहीं बच सकता है, चाहे वह दुष्कर्म समुद्र के अंदर किया जाए या आकाश के ऊपर।***

52. अपने में ईमानदार रहिए

इस दिव्य नियम को स्मरण रखिए कि *'सत्य का कभी पतन नहीं हो सकता और असत्य कभी टिक नहीं सकता।'* आप असत्य तथा बेईमानी की चमक-दमक से कुछ समय के लिए मोहित हो सकते हैं, पर ***अंत में, सत्य की ही विजय होती है। जीवन के संकटों में सत्य की नौका हिल सकती है, पर वह कभी डूबती नहीं।*** किसी व्यक्ति द्वारा असत्य, बेईमानी या धोखे के प्रभाव में किए गए बुरे कर्म अवश्यंभावी रूप से उस व्यक्ति पर हानिकारक प्रतिक्रियाएं करते हैं। ***हमारे कर्मों के फलों को मिलने में देरी लग सकती है पर वे मिट नहीं सकते। अच्छे कर्मों के फलस्वरूप मिलने वाले पुरस्कार और बुरे कर्मों के फलस्वरूप मिलने वाले दंड से कोई बच नहीं सकता।***

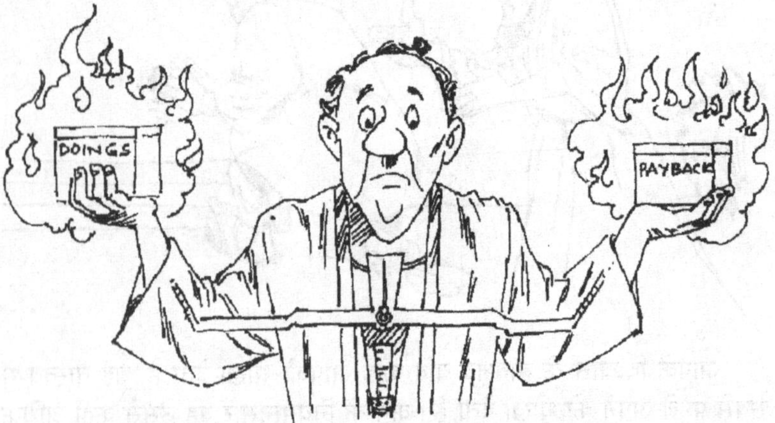

सत्य को छिपाया नहीं जा सकता। इसमें एक ऐसी शक्ति होती है, जो तब तक शांत नहीं बैठती जब तक कि सत्य प्रकट न हो जाए। आपके द्वारा किए गए किसी भी अच्छे कार्य का ईश्वर भी समर्थन करता है।

भीतर और बाहर से एक समान रहिए अर्थात् ***आपके विचारों, शब्दों और कर्मों में एकरूपता होनी चाहिए। एक सही व्यक्ति की यह सच्ची परीक्षा है।*** लेकिन आजकल आमतौर पर यह देखा जाता है कि लोगों के दो रूप होते हैं। एक असली रूप और दूसरा नकली रूप दूसरों को दिखाने के लिए। वे हमेशा एक मुखौटा लगाए घूमते रहते हैं ताकि लोगों को उनकी असलियत न मालूम पड़े। ये दो रूप व्यक्ति में एक तनाव पैदा किए रहते हैं।

53. संसार द्वंद्वात्मक है

जिसकी प्रकृति द्वैत है, वही संसार या जगत है, यही इसकी परिभाषा है। इसका अर्थ है कि संसार की हर वस्तु दो विपरीत पहलुओं या पक्षों से बनी है। उदाहरण के लिए रात-दिन, जीवन-मृत्यु, सर्दी-गर्मी, नर-नारी, युवा-वृद्ध, सुख-दुख, मिलन-विरह आदि।

ये दो पक्ष एक-दूसरे से अलग नहीं किए जा सकते। ऐसी ही इस संसार की प्रकृति है। ये एक ही सिक्के के दो पहलू हैं।

इससे यह निष्कर्ष निकलता है कि कोई भी वस्तु जो आपको सुख देगी, पीड़ा भी देगी। कोई भी व्यक्ति या वस्तु जो आपको मिलती है, वह किसी-न-किसी समय आपसे बिछुड़ेगी भी। यदि आपको कभी कुछ लाभ या प्राप्ति होती है तो आपको किसी दूसरे समय हानि या नुकसान भी हो सकता है। यदि आपको किसी वस्तु से कुछ सुविधाएं मिलती हैं तो एक समय में उससे आपको असुविधाएं भी होंगी। उदाहरण के लिए, जब आप विवाह करते हैं तो आपको कुछ खुशियां और सुविधाएं मिलती हैं, लेकिन इसके लिए आपको अपनी जिंदगी में बहुत सी ऐसी बातें भी करनी या माननी पड़ती हैं, जिन्हें आप पसंद नहीं करते। इसी प्रकार आपका कहीं

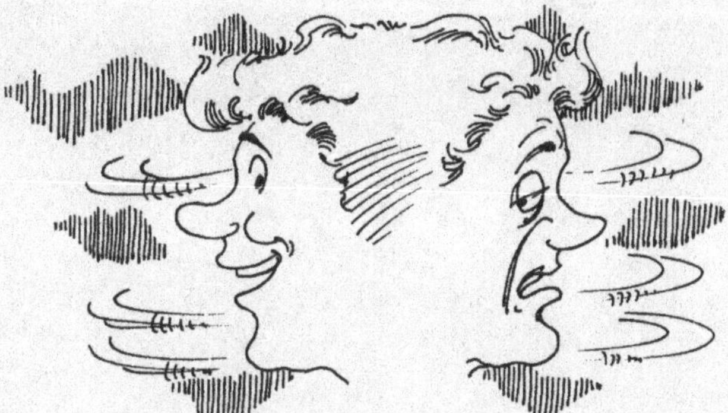

अपना मकान हो सकता है। उससे आपको कुछ सुविधाएं हैं, लेकिन इसके साथ ही उसमें कई तनाव और परेशानियां भी जुड़ी हैं। प्रत्येक वस्तु के साथ यही बात है। अकसर लोग चीजों का केवल एक पक्ष देखते हैं और उससे ही निष्कर्ष निकाल लेते हैं कि अमुक वस्तु, परिस्थिति या व्यक्ति बहुत अच्छा या बुरा है, लेकिन वह उसका दूसरा पक्ष देखना भूल जाते हैं। इसीलिए यह कहा जाता है कि जो दिखाई देता है वह वास्तव में वैसा नहीं होता।

ऊपर लिखे नियम को 'संतुलन का दिव्य नियम' भी कहा जाता है। इसके अनुसार, यदि आप अपने जीवन को कष्टों और पीड़ा से मुक्त रखना चाहते हैं, तो आपको ऐशो-आराम तथा विलासिताओं को भी त्यागना होगा। ***यदि आप अपमान सहना नहीं चाहते, तो आपको प्रशंसा पाने की इच्छा भी छोड़नी होगी।***

यह ज्ञान सांसारिक सुखों और भौतिक वस्तुओं में आपकी आसक्ति को कम कर देता है। जगत की इस द्वैत प्रकृति से अप्रभावित रहने की सर्वोत्तम विधि यह है कि आप सांसारिक वस्तुओं और घटनाओं के साथ अनासक्त भाव रखें, जैसे कि आप केवल एक दर्शक मात्र हैं, अर्थात् सफलता में गर्व न करें और असफलता में दुखी न हों। हानि-लाभ, सफलता-असफलता, प्रशंसा-निंदा में संतुलित रहिए। एक बार जब आप इस मानसिक स्तर पर पहुंच जाते हैं, तो द्वैत के चंगुल से मुक्त हो जाते हैं।

सदैव रहने वाली खुशी या परमानंद जो इस प्रकार के द्वैत से स्वतंत्र होता है, आपकी अंतरात्मा से आता है। ध्यान तथा योग की अन्य साधनाओं द्वारा आपको इसे ही पाने का प्रयत्न करना चाहिए।

54. केवल परमात्मा पर निर्भर रहिए

किसी भी प्रकार की सहायता के लिए केवल परमात्मा पर निर्भर रहिए। केवल वही स्थायी और सच्ची सहायता दे सकता है। इस सहायता को पाने की योग्यता के लिए आपको केवल एक बात की जरूरत है और वह यह कि आपको मानसिक रूप से

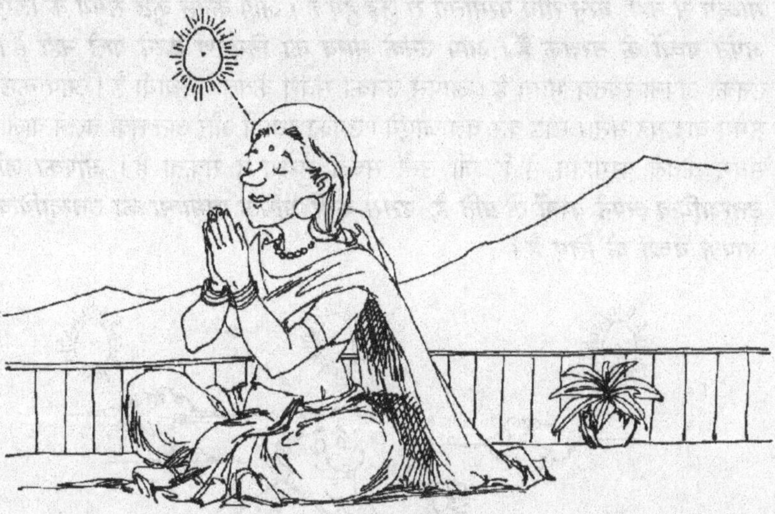

सदैव परमात्मा को याद रखिए

परमात्मा से संबंध बनाए रखना चाहिए तथा उसकी उदारता और दयाशीलता में पूर्ण विश्वास रखना चाहिए। परमात्मा आपको सहायता देने के लिए कोई भी साधन चुन सकता है। आपको जो सहायता अपने रिश्तेदारों, पड़ोसियों या मित्रों से मिलती है, उसमें परमात्मा की प्रेरणा देखनी चाहिए। आपको संसार में अपने को अकेला नहीं समझना चाहिए। आपको अपनी आत्मा और अपने परमपिता परमात्मा की अनंत शक्ति प्राप्त है, आपको केवल उन शक्तियों का द्वार खटखटाना है।

55. अपनी संतान को परमात्मा की संतान समझिए

आपकी संतान वास्तव में परमात्मा की संतान है, जैसे आप परमात्मा की संतान हैं। आपके और आपके बच्चों के परमात्मा से एक जैसे संबंध हैं। ***आपके बच्चे आपके माध्यम से नहीं, वरन् सीधे परमात्मा से जुड़े हुए हैं। आप केवल कुछ समय के लिए अपने बच्चों के संरक्षक हैं। आप उनके भाग्य का नियंत्रण करने वाले नहीं हैं।*** उनका अपना स्वतंत्र भाग्य है। आपसे उनका संबंध केवल अस्थायी है। आप कुछ समय बाद यह संसार छोड़ कर चले जाएंगे। उनका स्थायी और अंत तक चलने वाला संबंध केवल परमात्मा से है, जो उन्हें सच्ची सुरक्षा दे सकता है। ***आपका जो उत्तरदायित्व अपने बच्चों के प्रति है, उससे कहीं अधिक परमात्मा का उत्तरदायित्व आपके बच्चों के लिए है।***

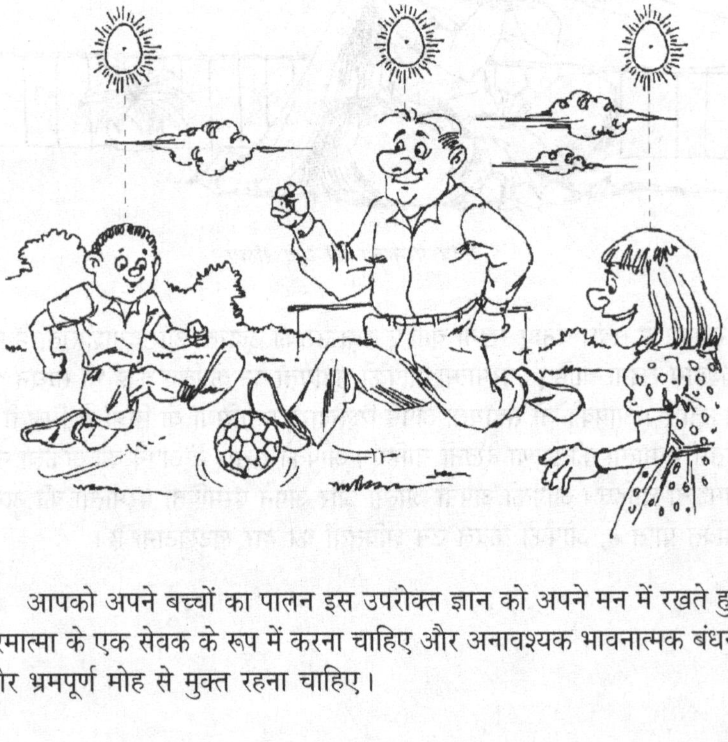

आपको अपने बच्चों का पालन इस उपरोक्त ज्ञान को अपने मन में रखते हुए परमात्मा के एक सेवक के रूप में करना चाहिए और अनावश्यक भावनात्मक बंधनों और भ्रमपूर्ण मोह से मुक्त रहना चाहिए।

56. उचित रंगों का चुनाव

प्राकृतिक चिकित्सा करने वालों तथा चिकित्सा विज्ञान द्वारा अब यह सिद्ध कर दिया गया है कि रंगों का हमारे शरीर तथा मस्तिष्क पर बहुत प्रभाव पड़ता है। वास्तव में शरीर तथा मन दोनों के उपचार के लिए रंग चिकित्सा का एक अलग चिकित्सकीय पद्धति के रूप में विकास हो चुका है।

इसके अंतर्गत सूर्य प्रकाश के सातों रंगों (VIBGYOR) का उपयोग चिकित्सा के लिए किया जाता है। प्रत्येक का शरीर तथा मन पर अलग-अलग प्रकार का प्रभाव पड़ता है। उदाहरण के लिए नीले रंग का आपके मन पर शीतल प्रभाव पड़ता है। हरा रंग एक संतुलित प्रभाव देता है। सफेद रंग शुद्धता और आध्यात्मिकता की भावना पैदा करता है। लाल और पीले रंग सुस्त मन पर प्रेरक प्रभाव डाल कर उसे उत्साह तथा शक्ति से भरते हैं। सफेद रंग सातों रंगों का सम्मिश्रण होता है और यह पवित्रता तथा आध्यात्मिकता से संबंधित है। यही कारण है कि इसका उपयोग प्रायः धार्मिक समारोहों और कर्मकांडों में किया जाता है। सूर्य के प्रकाश में जो स्वयं सात रंगों का मिश्रण है, सफेद रंग बहुत सुंदर दिखाई पड़ता है।

काला रंग समस्त रंगों का अभाव है और यह घृणा तथा द्वेष को दर्शाता है। यह मस्तिष्क को मंद, सुस्त तथा निष्क्रिय बना देता है। गहरे भूरे और धूसर रंग स्वार्थ को प्रकट करते हैं। अतः इन रंगों का उपयोग नहीं करना चाहिए। वास्तव में सभी शुभ सातों रंगों के गहरे रंग के उपयोग से बचना चाहिए, क्योंकि वे काले रंग की ओर संक्रमण के प्रतीक होते हैं। काला रंग मन को उत्साहहीन, सुस्त और निष्क्रिय बनाता है इसलिए इसका उपयोग नहीं करना चाहिए।

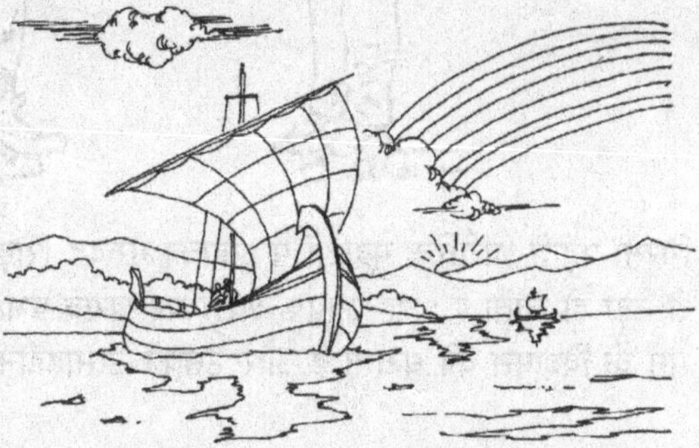

सूरज की रोशनी के सातों रंग हमारे तन-मन पर प्रभाव डालते हैं।

इन्हीं तथ्यों को ध्यान में रखते हुए अपने कमरों, पर्दों, फर्नीचर, दरवाजों खिड़कियों और अपने वस्त्रों के रंगों का चुनाव कीजिए।

57. सही मुद्राओं में रहें

खड़े, बैठे, लेटते और चलते हुए सही मुद्राएं रखिए, इससे आपकी रीढ़ की हड्डी बिल्कुल सीधे रहती है। ये आपके शरीर और मस्तिष्क को सक्रिय, साहसी और विश्वासभरा रखने में सहायता देती है। झुकी हुई गर्दन व कंधे तथा मुड़ी कमर और

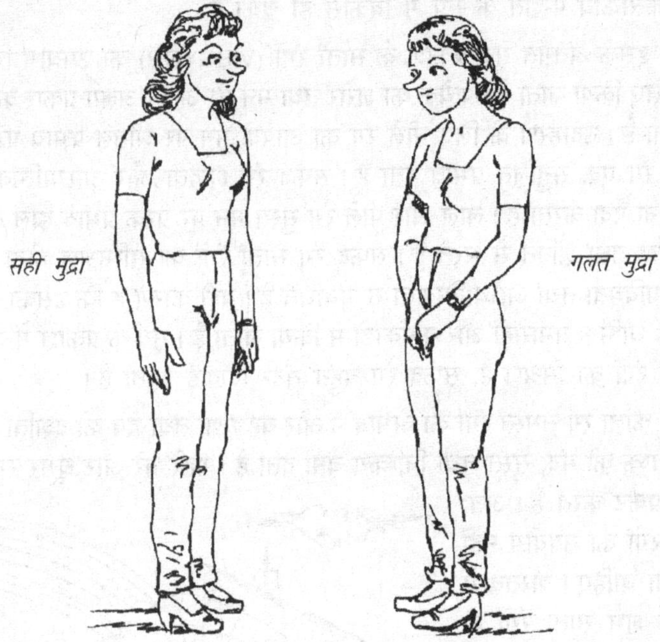

गिरती-पड़ती शारीरिक मुद्राओं में आपका मेरुदंड (रीढ़ की हड्डी) अस्वाभाविक रूप से टेढ़ा हो जाता है। यह आपके शरीर पर खराब प्रभाव डालने के अलावा आपके मन के विश्वास को घटाता है और उसको उत्साहहीन तथा सुस्त बनाता है।

नोट : सही Postures (मुद्राओं) के विषय में अधिक जानकारी के लिए मेरी पुस्तक **'Freedom from Cervical and Backpain'** पढ़िए।

58. मधुर संगीत सुनिए

ध्वनि आपके मन पर बहुत अधिक प्रभाव डालती है। अच्छा और सुरीला संगीत सुनकर बेचैन और परेशान मन भी सरलता से केंद्रित हो जाता है। अपने मन की उच्चस्थिति बनाए रखने के लिए अच्छा (सुगम) संगीत सुनने की आदत का विकास करिए।

ध्वनि के विभिन्न कंपनों के कारण उनके प्रभाव भी भिन्न-भिन्न होते हैं। सच तो यह है कि हम शब्द का जो भी अक्षर बोलते हैं, वह भिन्न-भिन्न प्रकार के कंपनों को वातावरण में उत्पन्न करता है। इसी प्रकार हम जिस स्वर से शब्द को बोलते हैं, वह भी कंपनों के गुण को प्रभावित करता है। इसी भांति भिन्न-भिन्न प्रकार का संगीत जो गीतों के साथ बजता है अपनी किस्म के अनुसार अलग-अलग प्रकार के कंपनों को छोड़ता है। भिन्न-भिन्न प्रकार के संगीत एवं ध्वनियों के हमारे तन-मन पर पड़ने वाले अलग-अलग प्रभाव को दृष्टि में रखते हुए हमारे योग ग्रंथों ने उन्हें तीन मुख्य श्रेणियों में बांटा है–

(अ) सात्विक ध्वनियां : ये ध्वनियां आंतरिक प्रसन्नता और मानसिक उच्चता प्रदान करती हैं। ये उदासी और मानसिक तनाव को दूर करती हैं। भक्ति भरे गीत, भजन, शास्त्रीय संगीत, पुरानी फिल्मों के मधुर गीत, प्राकृतिक ध्वनियां (पक्षियों का कलरव, हवा के झोंके, झरने, बहती हुई नदी या वर्षा के गिरने की आवाजें, पेड़ों की पत्तियों के हिलने से पैदा होने वाली आवाजें आदि) ऐसी ही सात्विक ध्वनियां हैं।

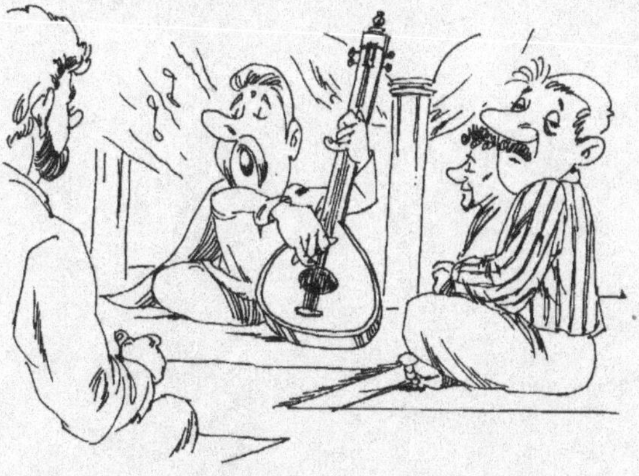

शरीर और मन पर जो संगीत का प्रभाव पड़ता है,
उसकी आधुनिक विज्ञान में बड़ी दिलचस्पी से खोज हो रही है

(ब) राजसिक ध्वनियां : इस प्रकार की ध्वनियां मन को शक्तिवान बनाती और उत्तेजित करती हैं तथा उसे बेचैन कर देती हैं। पॉप गीत और आधुनिक सिनेमा के अधिकांश गीत इसी श्रेणी में आते हैं।

(स) तामसिक ध्वनियां : यह ध्वनियां मन को सुस्त और उनींदा बना देती हैं। आप ऐसे गीत तथा संगीत से भली प्रकार परिचित होंगे, जिसे सुन कर आप ऊबने या उनींदा महसूस करने लगते हैं।

59. प्रकृति का साथ

जब कभी आपको खाली समय मिले, उसे इधर-उधर घूमने में नष्ट करने के बजाय ऐसे स्थानों पर जाइए, जहां आप प्रकृति के निकट हों, जैसे–बाग, जंगल, पहाड़, नदी, झील आदि। वहां खुले आकाश के नीचे गहरी सांसें लीजिए, पक्षियों का कलरव और हवाओं के झोंकों की ध्वनि सुनिए। अपने शरीर पर सूर्य की शक्तिदायिनी किरणों का अनुभव कीजिए। इससे आपका मन तरोताजा ही नहीं होगा, आत्मविश्वास भी ऊंचाइयों को छूने लगेगा।

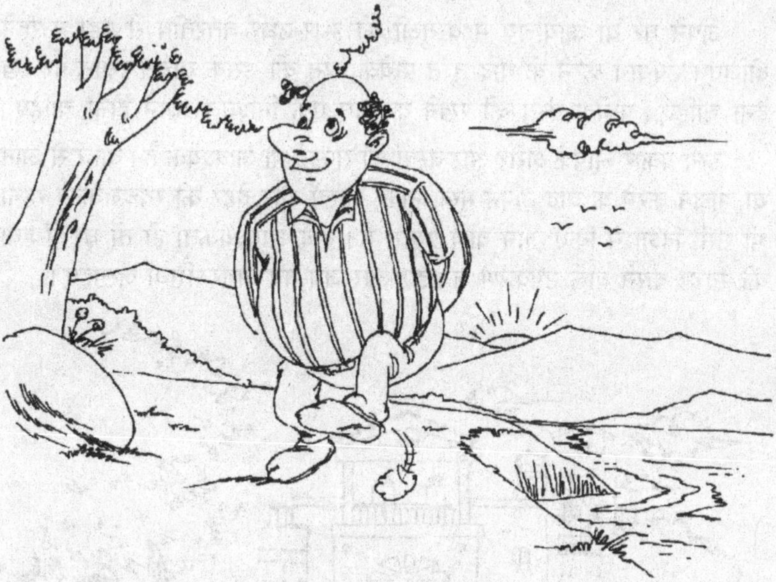

60. स्वच्छ और सुरुचिपूर्ण वातावरण

आपने यह उक्ति सुनी होगी– ***'स्वच्छता ईश्वर को पाने के लिए एक कदम है।' यह बात पूरी तरह से तर्कसंगत है, क्योंकि आपकी मनःस्थिति पर वातावरण की स्वच्छता अत्यधिक प्रभाव डालती है।***

अपने घर और कार्य स्थान के वातावरण को पूरी तरह साफ-सुथरा रखिए। इधर-उधर धूल एकत्रित न होने दीजिए। ध्यान रखिए कि गंदा पानी निकलने और जल निकास की व्यवस्था पूरी तरह ठीक हो। पानी कहीं जमा न रह जाता हो। जब कभी आप ऐसा होता देखें, संबंधित अधिकारियों से तत्काल शिकायत करें।

अपने घर या कार्यालय में वस्तुओं को इधर-उधर बेतरतीब से पड़ा न रहने दीजिए। उपयोग करने के बाद तुरंत प्रत्येक वस्तु को उसके उचित स्थान पर रख देना चाहिए। प्रत्येक वस्तु को रखने के लिए एक निश्चित स्थान होना चाहिए।

इसी प्रकार आपके शरीर और वस्त्रों की सफाई भी आवश्यक है। बाहर से आने या भोजन करने के बाद अपने मुख, नाक, आंखों और चेहरे को स्वच्छ करते रहना भी उसी दिशा में किए जाने वाले प्रयास हैं। यदि आवश्यकता हो तो घर में हवा को स्वच्छ करने वाले उपकरण लगाइए और जब-तब अगरबत्तियां जलाइए।

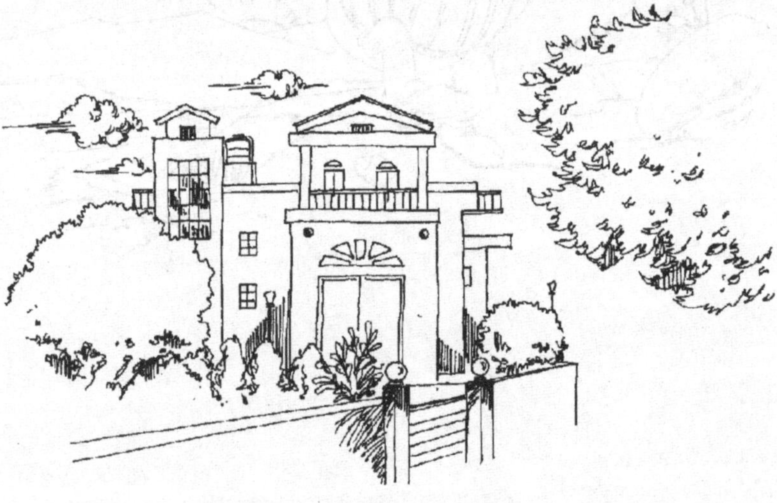

61. आपके मन पर तापक्रम, वायु प्रदूषण, नमी और शोर प्रभाव डालते हैं

आपका शरीर और मनोमस्तिष्क सर्वोत्तम तरीके से कार्य करे, इसके लिए अनुकूलतम तापक्रम, नमी और ध्वनि का भी अपना महत्व है। उदाहरण के लिए 20° सी से 25° सी तापक्रम, 45-50 प्रतिशत नमी (सापेक्ष नमी) आपके शरीर और मस्तिष्क की कार्यकुशलता के लिए सबसे अनुकूल है। आपके वातावरण में ध्वनि की तीव्रता 45 डेसीबल से नीचे रहना आपकी कार्यकुशलता व स्वास्थ्य के लिए अच्छा है। इन अनुकूलतम स्तरों में भिन्नता आने पर शरीर और मनोमस्तिष्क का संतुलन बिगड़ जाता है और उनकी कार्यकुशलता कम हो जाती है। अतः व्यक्ति को अपने दिन का अधिकांश भाग ऊपर बताए गए आदर्श अनुकूलतम स्तरों में व्यतीत करना चाहिए।

आपके मस्तिष्क पर वातावरण का प्रदूषण भी विपरीत प्रभाव डालते हैं। प्रदूषित वायु में कार्बन मोनोक्साइड होने से शरीर की, वायु से उचित मात्रा में ऑक्सीजन खींचने की शक्ति कम हो जाती है। रक्त में ऑक्सीजन की कमी मस्तिष्क की कार्य शक्ति पर खराब प्रभाव डालती है। प्रदूषित वायु के दूसरे रसायन भी शरीर और मनोमस्तिष्क का संतुलन बिगाड़ देते हैं और उनकी कार्यकुशलता कम हो जाती है। अतः व्यक्ति को अपने दिन का अधिकांश भाग ऊपर बताए गए आदर्श अनुकूलतम स्तरों में व्यतीत करना चाहिए।

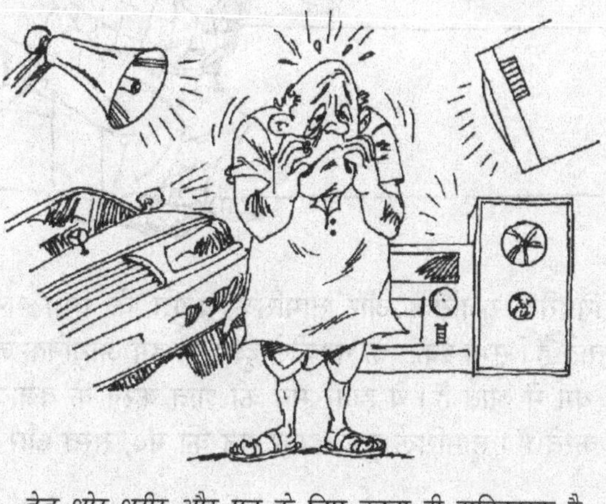

तेज शोर शरीर और मन के लिए उतना ही हानिकारक है जितना कि प्रदूषण का कोई अन्य स्रोत

62. सुंदर चित्र और फोटो लगाइए

हम जो कुछ देखते हैं उसका हमारे मन पर अत्यधिक प्रभाव पड़ता है। यह अपनी प्रकृति के अनुसार हमारे मन को सकरात्मक अथवा नकारात्मक रूप में प्रभावित करता है। यदि हम अपने कार्यालय और घर की दीवारों पर ऐसे चित्र और फोटोग्राफ्स लगाएं जिनका हमारे मन पर शुभ प्रभाव पड़ता हो, तो यह हमारे लिए बहुत उपयोगी रहेगा। इस संबंध में ज्ञानवान और महान पुरुषों के फोटोग्राफ्स, प्राकृतिक दृश्यों के चित्र, आध्यात्मिक/धार्मिक स्थानों के चित्र तथा मंदिरों/मस्जिदों/गिरजाघरों/गुरुद्वारों आदि के चित्र बहुत अच्छे होते हैं। यह भी देखा जा सकता है कि हाथ से बने चित्रों की तुलना में वास्तविक फोटोग्राफ्स का असर अधिक पड़ता है, क्योंकि फोटोग्राफ्स के बारे में कहा जाता है कि उसमें संबंधित व्यक्ति/स्थान के वास्तविक कंपन निहित होते हैं। उपर्युक्त प्रकार के चित्र सात्विक वर्ग में आते हैं।

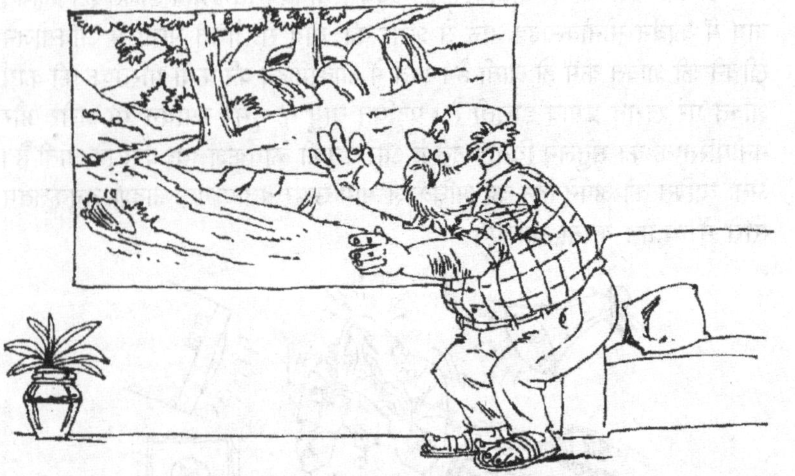

इसके विपरीत राजसिक और तामसिक प्रवृत्ति के चित्र मन को काफी नुकसान पहुंचाते हैं। सभी प्रकार के भड़कीले दृश्य जो हम आधुनिक जीवन में देखते हैं, राजसिक वर्ग में आते हैं। ये हमारे मन को शांत करने के बजाय उसे उद्विग्न तथा भ्रमित करते हैं। तामसिक दृश्य हमारे मन को मंद, सुस्त और अवसादयुक्त बनाते हैं।

63. कूड़े-करकट को फेंकते रहिए

हमारे घरों और कार्यस्थान पर समय के साथ-साथ ऐसी पुरानी चीजें एकत्रित होती रहती हैं जिनकी हमें जरूरत नहीं रह जाती और जो कूड़ा-करकट होती हैं। बिना कोई लाभ लिए या उपयोग किए उन्हें सही दशा में रखने से हमारी शक्ति का अपव्यय होता है। हमें नई चीजों को जगह देने के लिए पुराने बेकार के सामान को बराबर निकालते रहने की आदत डालनी चाहिए। पुराने बेकार के सामानों को बेच दीजिए अथवा जरूरतमंदों को दान दे दीजिए। पुराने बेकार के सामानों की सुरक्षा तथा रख-रखाव के कारण तनावग्रस्त रहना उचित नहीं।

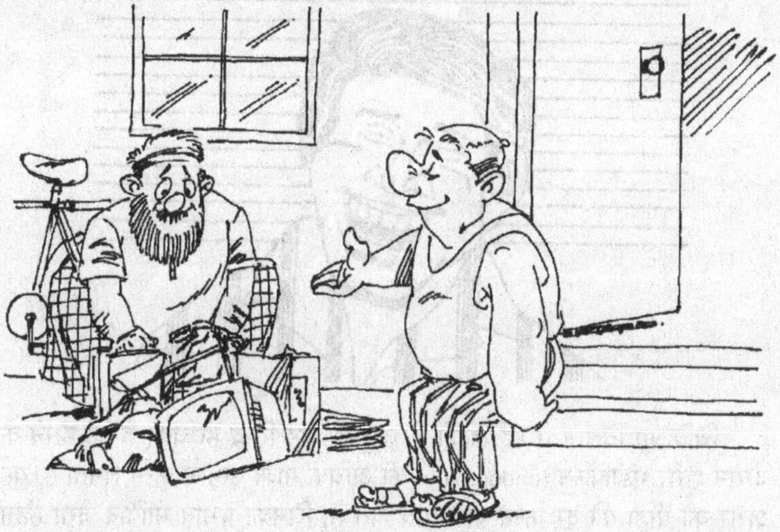

अपने घर को बेकार की वस्तुओं का भंडार बनाने से बचने के लिए एक बहुत अच्छी तकनीक यह है कि जब भी आप एक नई वस्तु खरीदें, पुरानी को दूसरों को दे दें या फेंक दें। 'एक अंदर और एक बाहर' का यह फॉर्मूला आपके घर को सदैव स्वच्छ रखने में सहायता करेगा। इससे आप अपने को हलका अनुभव करेंगे और आपको अपने घर में एकत्रित पुरानी बेकार की चीजों को देख कर चिंता नहीं करनी पड़ेगी।

64. हंसिए और हंसाइए

आपके जीवन में हंसी-मजाक की एक महत्वपूर्ण भूमिका है, क्योंकि इससे आपके मन के अनेक मनोवैज्ञानिक अवरोध (रुकावटें) दूर हो जाते हैं। इससे आपका मन तरोताजा बनता है और वह निराशा के अंधकार से निकल कर आशा के आलोक में आता है। एक अच्छी हंसी आपके मन को पूरी तरह हलका कर देती है और मस्तिष्क के जिन भागों में पर्याप्त मात्रा में रक्त नहीं पहुंच पाता, वहां वह अच्छी मात्रा में पहुंचता है, इसलिए अपनी दिनचर्या में जानबूझ कर कुछ हंसी-मजाक को जरूर जोड़िए।

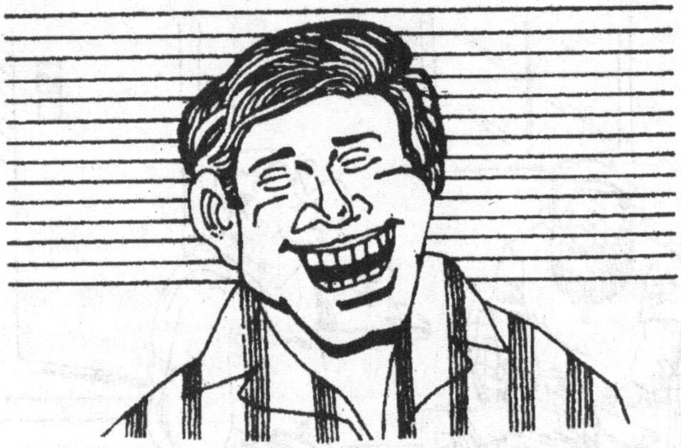

चिकित्सा विज्ञान में हुई खोजों के अनुसार यह सिद्ध हो चुका है कि हंसने के दौरान शरीर एंडोर्फिन्स (endorphins) की अधिक मात्रा उत्पन्न करने लगता है, यह शरीर की पीड़ा को दूर करने वाले तत्व होते हैं, जिनका प्रभाव मार्फिन जैसा होता है। यही कारण है कि हंसी से शारीरिक बीमारियों और उनकी पीड़ा दूर होने में सहायता मिलती है; इसके अतिरिक्त हंसी से अवसाद, दुख, चिंता, स्नायविक निर्बलता तथा असहायता की भावना भी दूर होती है। एक अच्छी हंसी हंसने के बाद, आप अपने को निश्चित रूप से हलका, खुला और तरोताजा अनुभव करते हैं।

यदि आपको स्वाभाविक रूप से हंसने में कठिनाई अनुभव होती हो तो चुटकुले पढ़िए, टी.वी. के कॉमेडी सीरियल देखिए, हंसी-मजाक से भरी फिल्में देखिए, हास्य रस की कविताएं सुनिए और हास्य कथाओं को पढ़िए। आप ऐसा भी कर सकते हैं कि अपने परिवार में यह नियम बना लें कि भोजन से पहले कोई-न-कोई सदस्य चुटकुला सुनाएगा।

65. भविष्य जानने को उत्सुक न हों

कुछ लोग अपना काफी समय हस्तरेखा विशेषज्ञों, ज्योतिषियों तथा संख्याओं द्वारा भाग्य बताने वालों से संपर्क करने में यह जानने के लिए खर्च कर देते हैं कि उनका अपना निश्चित भविष्य क्या है।

इस संबंध में दो तथ्यों पर ध्यान दीजिए। पहला तथ्य यह कि आपका भाग्य या भविष्य कोई ऐसी चीज नहीं है जो पूरी तरह निश्चित हो। कोई भी भविष्यवक्ता विश्वास से यह नहीं कह सकता कि वह जो कुछ कहता (भविष्यवाणी) है, वह शत-प्रतिशत सच निकलेगा। अधिक-से-अधिक वह कुछ संभावनाओं का संकेत कर सकता है, क्योंकि आपका भाग्य या भविष्य कुछ सीमा तक परिवर्तनशील है। ऐसे लोग हुए हैं जिनके बारे में कहा जाता है कि उन्होंने अपने प्रयत्नों से अपने पुराने भाग्य को पूरी तरह बदल दिया और अपने लिए पूर्ण रूप से नए भाग्य का निर्माण किया। दूसरे शब्दों में, उन्होंने अपने भाग्य का नियंत्रण अपने हाथों में ले लिया।

दूसरे, यदि आप यह विश्वास करते हैं कि भाग्य पहले से ही निश्चित होता है और आप उसे बदल नहीं सकते, तो उसे जानने से क्या लाभ! उसे जान कर आप स्वयं को दुखी कर लेंगे तथा अनावश्यक तनाव और परेशानियां बढ़ा लेंगे, क्योंकि यह बात तो निश्चित है कि भविष्य में सब कुछ उसी तरह से नहीं होने जा रहा, जैसा कि आप चाहते हैं। भविष्य में कुछ खराब बातें भी हो सकती हैं, न केवल आपके साथ वरन् प्रत्येक के साथ, क्योंकि जीवन बना ही इसी प्रकार से है–सुख और दुख का मिश्रण।

यहां एक बात और ध्यान देने की है कि कुछ चीजों के घटित होने की संभावना से निरंतर डरने और परेशान होने से आध्यात्मिक नियमों के अनुसार आप स्वयं ही उन्हें अपनी ओर आकर्षित करते हैं, चाहे वैसे वे आपके भाग्य के अनुसार घटित होती हों या नहीं।

जीवन जीने का सही तरीका यह है कि आपकी जीवन यात्रा में जो कुछ भी सामने आता जाए, उसका सकारात्मक मन और साहस से सामना करते जाइए। आपको अपने मन में इस बात का पूर्ण विश्वास रखना चाहिए कि ***परमात्मा की प्रत्येक वस्तु आपकी भलाई के लिए है और परमात्मा की सहायता तथा अपने मन की शक्ति से आप अपने मार्ग में आने वाली किसी भी बाधा को पार कर सकते हैं।***

66. लालसा और इच्छाओं पर नियंत्रण

भौतिक इच्छाओं और इंद्रिय सुखों की कोई सीमा नहीं है। इन्हें आप जितना पाते हैं, उतना ही और अधिक चाहते हैं। एक इच्छा पूरी हो जाने पर अनेक दूसरी इच्छाओं को जन्म देती है और यह एक न रुकने वाला चक्र बन जाता है। इसलिए अपनी इच्छाओं को मूल आवश्यकताओं तक सीमित रखिए और उसके बाद विलासिताओं तथा ऐशो-आराम का पीछा न कीजिए।

भौतिक इच्छाओं और इंद्रिय सुखों से प्राप्त तृप्ति अस्थायी और क्षणभंगुर तथा पीड़ा से युक्त होती है। इससे स्थायी संतोष नहीं मिलता, इसलिए आपको अपनी असीमित इच्छाओं और इंद्रिय सुखों को पाने की लालसा पर कठोर नियंत्रण रखना चाहिए।

जब हमारा मन और इंद्रियां निम्न प्रकृति के नियंत्रण में होती हैं, वे सदैव किसी प्रकार के क्षणिक सुख, रोमांच और उत्तेजना का अनुभव करना चाहती हैं। हमें अपनी उच्च प्रकृति को जाग्रत करने के लिए निम्न प्रकृति के इन दबावों को जीतना होगा। हम इस संसार में इन नीचे स्तर के सुखों को भोगने के लिए नहीं आए हैं। हम इन क्षणिक सुखों से अधिक ऊंची किस्म की प्रसन्नता के अधिकारी हैं, एक ऐसी प्रसन्नता जो इनसे कहीं अधिक स्थायी और संतोषजनक हो। जीवन के नियमों का उचित ज्ञान प्राप्त करके तथा उनको व्यावहारिक जीवन में लागू कर हम अनंत आनंद के इस कोश तक पहुंच सकते हैं।

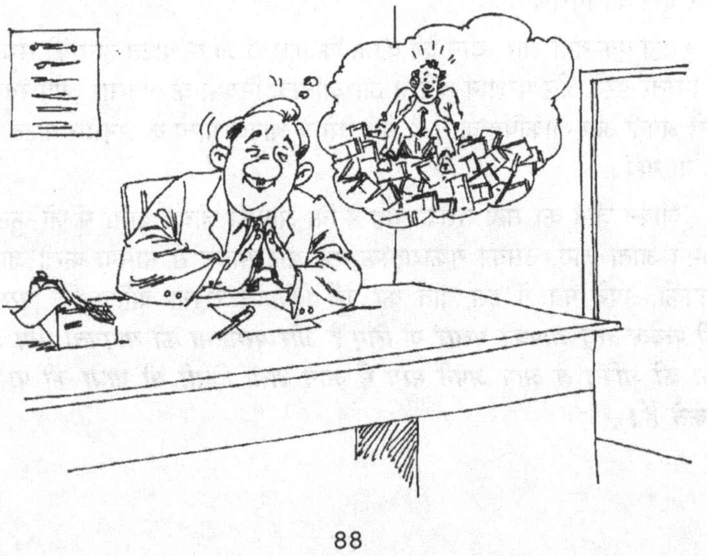

यहां यह उल्लेखनीय है कि जब हम इंद्रियों के सुखों को कम करने की बात करते हैं, हमारा मतलब 'राजसिक' और 'तामसिक सुखों से होता है, सात्विक सुखों से नहीं। उदाहरण के लिए जाड़ों में जब आप धूप का सुख ले रहे होते हैं तो वह भी एक इंद्रिय सुख होता है, परंतु वह सात्विक किस्म का होता है और इसीलिए वह आपत्तिजनक नहीं। इसी तरह प्रातः भ्रमण करते समय जब आप अपने शरीर पर सुबह की ताजी हवा का स्पर्श अनुभव करते हैं तो वह भी एक इंद्रियजन्य सुख होता है, परंतु वह सात्विक किस्म का होता है और उसे पाने के लिए लोगों को अनुत्साहित करने के बजाय उत्साहित किया जाता है।

इसी प्रकार इच्छाओं और आवश्यकताओं के बीच जो अंतर है उसे भी भली भांति समझने की जरूरत है। आवश्यकताएं और आराम देने वाली मूल वस्तुएं आपके जीवन को बनाए रखने के लिए जरूरी होती हैं, जबकि 'इच्छाओं' शब्द का उपयोग योग में राजसिक/तामसिक इंद्रिय सुखों तथा अहं आधारित सुखों (नाम, यश, शक्ति, प्रतिष्ठा) के लिए किया जाता है। दूसरी ओर अपना विकास करने की इच्छा, जीवन के सत्यों को जानने की इच्छा अच्छी इच्छाएं हैं और वे उपर्युक्त इच्छाओं से बहुत भिन्न हैं।

नोट : 'इच्छाओं', 'सुख-दुख' इत्यादि के विषय में अधिक जानकारी के लिए कृपया मेरी पुस्तक ***'तनाव-मुक्त कैसे रहें'*** का चौथा अनुभाग ***'मन को तनाव-मुक्त करने के लिए कुछ लेख'*** पढ़ें।

67. धन कमाने की दौड़ में शामिल न हों

आजकल यह देखा जाता है कि लोग किसी भी तरीके से अधिक-से-अधिक धन कमाने की पागल दौड़ में शामिल होते जा रहे हैं। उन्हें एक तरह का नशा हो गया है। जरूरत है या नहीं, वे अपना धन बढ़ाने, और बढ़ाने में जुटे हुए हैं, बिना यह जाने कि इस दौड़ का कोई अंत नहीं है। वे अपने ही जाल में खुद उलझ जाते हैं और आखिरी सांस के बाद ही उससे मुक्त होते हैं। इसके बाद उनके द्वारा एकत्रित की गई धन-संपत्ति को पाने के लिए उनके उत्तराधिकारियों में एक नई दौड़ शुरू होती है। यहां यह देखा जा सकता है कि स्वर्गीय व्यक्ति ने धन का उपभोग करने की बजाय उसे कमाने में अधिक समय लगाया।

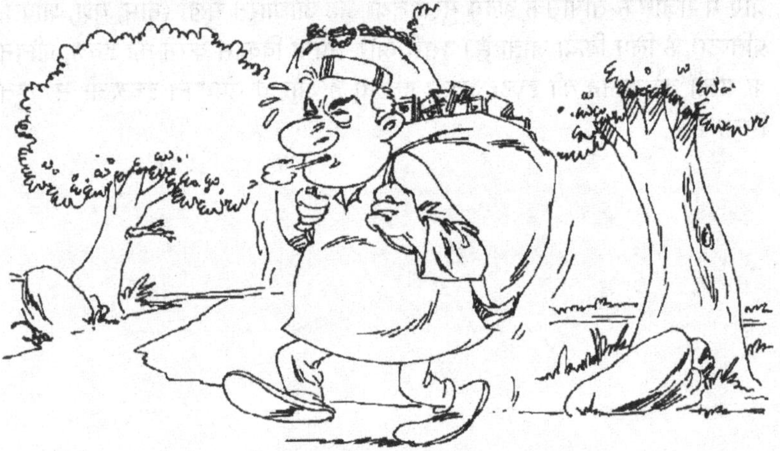

पैसा कमाने की दौड़ आपको एक टेढ़े-मेढ़े रास्ते में डाल देती है, जिसका अंत कहीं भी नहीं है

यह ठीक ही कहा गया है कि एक सीमा के बाद धन का एकमात्र कार्य और अधिक धन बनाना एवं अपने मालिक की परेशानियों को बढ़ाना है। यदि आप सुखी और प्रसन्न रहना चाहते हैं तो समय की कसौटी पर भली प्रकार जांची-परखी इस कहावत को याद रखिए– ***'धन सब कुछ दे सकता है सिवाय खुशी के।'***

68. समय न होने का बहाना मत बनाइए

यह एक नासमझ आदमी का बहाना है कि 'मेरे पास समय नहीं है।' एक कहावत है–'सबसे अधिक व्यस्त व्यक्ति के पास सबसे अधिक समय होता है।' इसका अर्थ है कि यदि सबसे अधिक व्यस्त व्यक्ति कोई चीज करना चाहता है, तो वह भी अपने कार्यक्रम में उचित परिवर्तन कर उस कार्य को कर सकता है। आपमें बस उस काम को करने की कामना और इच्छा-शक्ति होनी चाहिए। यदि ऐसा नहीं है, तब पर्याप्त समय होने पर भी आप उसे नहीं कर पाएंगे। आप अपना समय खाने, सोने, गप्पें मारने, टी.वी., सिनेमा देखने, पत्रिकाएं और उपन्यास पढ़ने या फिर बाजार में घूमने आदि में नष्ट कर देंगे।

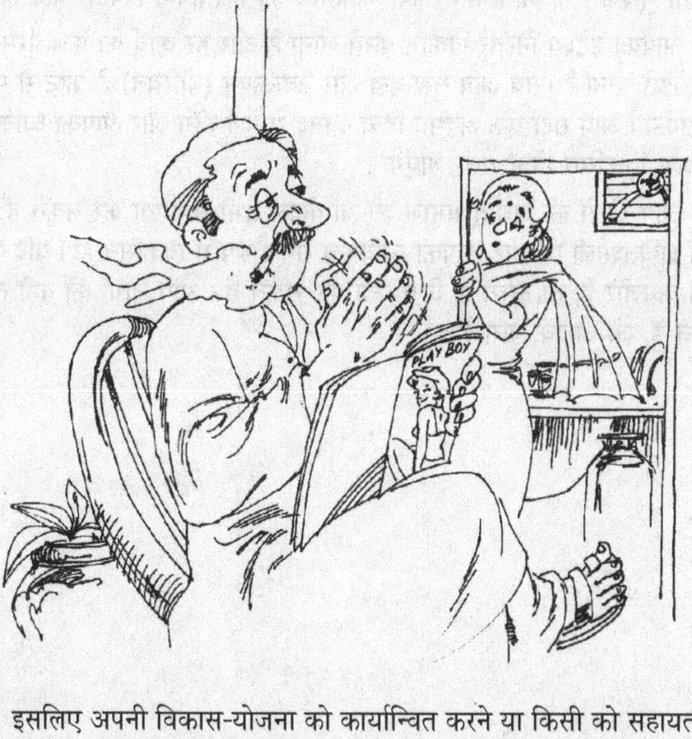

इसलिए अपनी विकास-योजना को कार्यान्वित करने या किसी को सहायता से मना करने के लिए समय का बहाना न बनाइए। ***यदि हम किसी कार्य को करना चाहते हैं, तो हम सभी के पास पर्याप्त समय है।***

69. निरंतर विकास करिए

आप जहां कहीं भी हों और जो कुछ करते हों, जीवन में ***आपका केंद्रीय उद्देश्य निरंतर अपना शारीरिक, मानसिक और आध्यात्मिक विकास करना होना चाहिए क्योंकि यही एकमात्र सदैव साथ रहने वाली वस्तु है।*** इसके अतिरिक्त अन्य सभी इस लक्ष्य को पाने का साधन मात्र हैं और अंत में महत्वपूर्ण नहीं हैं। ये सारी वस्तुएं आपको जीवन-पथ पर एक-एक करके छोड़ती चली जाएंगी।

कुछ लोग अपना जीवन ऐसे बिताते हैं मानो वे किसी तरह कुछ भी करके अपनी जिंदगी का वक्त गुजार रहे हों। यह एक सही दृष्टिकोण नहीं है। जब कुछ भी करने को नहीं होता तो ऐसे लोग 'बोर' होने लगते हैं और उनके लिए समय काटना मुश्किल हो जाता है। उनके व्यक्तित्व का वास्तविक विकास नहीं होता।

आपका उद्देश्य निरंतर विकास करते जाना है और हर कार्य का फल परमात्मा पर छोड़ते जाना है। तब आप सुख-दुख और उबाऊपन (बोरियत) के कष्ट से मुक्त रह सकेंगे। आप सदा एक अद्भुत दिव्य आनंद से पूर्ण रहेंगे और आपका व्यक्तित्व हर क्षण विकसित होता चला जाएगा।

आप दूसरों की अर्थात् समाज की भी केवल तभी सहायता कर सकते हैं जब स्वयं शक्तिशाली हों और आपका व्यक्तित्व संपूर्ण रूप में विकसित हो। यदि आप स्वयं कमजोर हैं, तो दूसरों के लिए क्या कर सकते हैं? आप लोगों को वही तो दे सकते हैं, जो आपके पास है।

70. कुछ भी बरबाद न कीजिए

अपने में ऐसी जागरूकता विकसित कीजिए कि आप किसी चीज को बरबाद न करें। चीजों को बरबाद करने की मानसिकता एक अविकसित चेतना का परिचय देती है। यह हमारे देश में विशेषरूप से निंदनीय है, जहां अधिकांश लोग ठीक से रोजी-रोटी भी नहीं चला पाते।

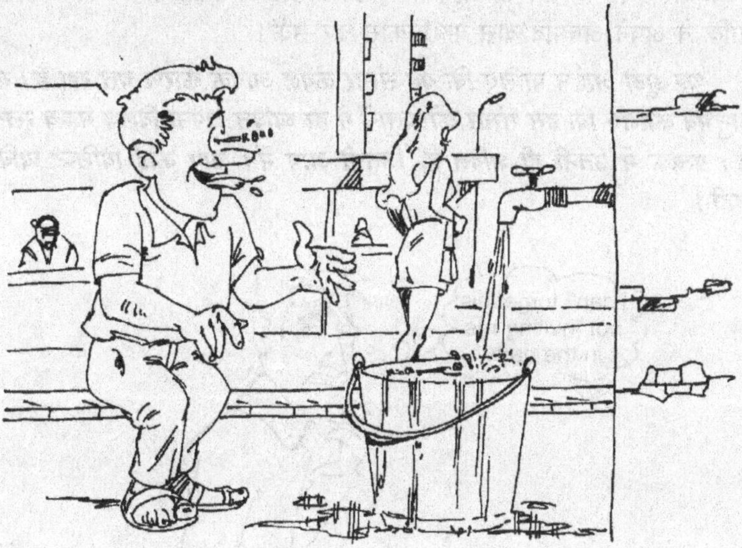

बरबादी खाने की वस्तुओं, कागज, पानी, बिजली और किसी भी चीज की हो सकती है। अगर आप कहीं पानी का नल खुला देखते हैं या बिजली बेकार में जलते हुए देखते हैं तो उन्हें बंद कर दीजिए। ऐसी चीजों की यह सोच कर उपेक्षा करना कि यह राष्ट्र की हानि है, आपकी नहीं, एक समझदारी भरा दृष्टिकोण प्रकट नहीं करती। इस प्रकार की भावनाएं आपका और आपके देश का पतन करती हैं।

इसी प्रकार यदि आपके घर में पड़ी कोई चीज बरबाद हो रही है और आपके किसी काम न आ रही हो तो उसे कीड़ों द्वारा नष्ट हो जाने या जंग लग जाने की बजाय किसी जरूरतमंद को दान में दे दीजिए।

71. छोटी-छोटी बातों पर परेशान मत होइए

उदार मन के बनें। छोटी-छोटी बातों का बतंगड़ न बनाइए। भूलने और क्षमा करने के गुणों का विकास कीजिए। ***छोटी-छोटी बातों पर बिगड़ने से केवल आपके झूठे अहंकार को संतोष मिलता है।*** इससे कोई उपयोगी उद्देश्य सिद्ध नहीं होता। इसी प्रकार छोटे-छोटे विषयों पर निर्णय लेने में अपना अत्यधिक समय नष्ट न कीजिए। इनके बारे में निर्णय लेने का अधिकार अपने से छोटे अधिकारियों को सौंप दीजिए, ताकि वे अपने आत्मविश्वास का विकास कर सकें।

यह झूठा अहं न पालिए कि यह संसार केवल आपके कारण चल रहा है। यह अनुभव कीजिए कि इस संसार को चलाने में हर व्यक्ति अपना विशेष महत्व रखता है। प्रत्येक में उतनी ही शक्ति है, जितनी आप में। आप कोई विशिष्ट व्यक्ति नहीं।

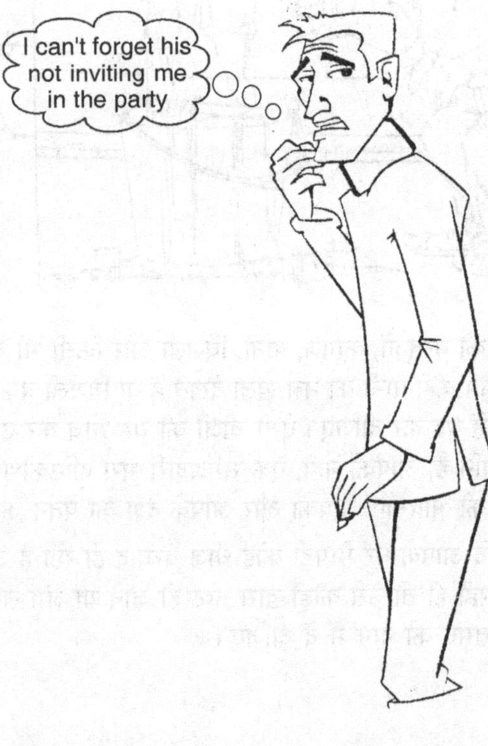

72. गुस्सा कमजोरी की निशानी है

कुछ लोग कहते हैं कि गुस्से के बिना कोई कार्य करवाना संभव नहीं है, लेकिन ऐसा नहीं है। ***आप गुस्से की बजाय अपने व्यक्तित्व के बल पर कार्य करवा सकते हैं। किसी व्यक्ति द्वारा कोई कार्य करवाने के लिए आपका उससे गंभीरता से कहना ही पर्याप्त होना चाहिए।*** आपके शब्दों और भावों में ही महान शक्ति है।

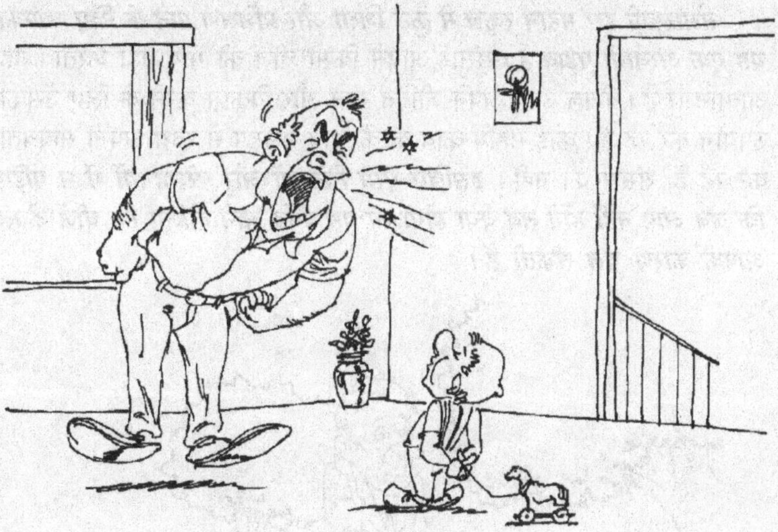

गुस्सा करने का अर्थ अप्रत्यक्ष रूप से यह है कि आप एक विरोधी वस्तु को स्वीकार करने या समझने के योग्य नहीं हैं और आप मानसिक रूप से कमजोर हो गए हैं। एक आध्यात्मिक साधक होने के नाते आपको जीवन में किसी भी स्थिति या व्यक्ति का, चाहे वह कितनी भी कटु हो, शांति तथा संतुलनपूर्वक सामना करने के योग्य होना चाहिए। यदि आप एक व्यक्ति को बिना गुस्सा किए कोई चीज गंभीरता से समझाएं तो संभावना है कि वह आपकी बात ज्यादा बेहतर समझ सके।

नोट : क्रोध के मनोविज्ञान और नियंत्रण के विषय में अधिक जानकारी के लिए मेरी पुस्तक **'How to Control Anger'** पढ़िए।

73. अहं त्यागिए, आपके बिना भी संसार चल सकता है

स्मरण रखिए कि आपके या किसी के भी बिना संसार का कार्य रुकने वाला नहीं है। यह उस समय भी चल रहा था, जब आप दुनिया में नहीं आए थे और तब भी चलता रहेगा जब आप यहां नहीं होंगे।

संसाररूपी इस महान स्कूल में कुछ शिक्षा और प्रशिक्षण पाने के लिए आपका यह एक अस्थायी पड़ाव है। संसार आपसे किसी चीज की मांग नहीं करता। यह आत्मनिर्भर है। केवल आप अपने जीवित रहने और विकास करने के लिए उसका उपयोग कर रहे हैं। कोई महान कार्य करके आप मूलरूप से स्वयं अपनी सहायता कर रहे हैं, संसार की नहीं। ***इसलिए ऐसी चिंताओं और परेशानियों में न पड़िए कि जब आप नहीं होंगे तब क्या होगा, न यह घमंड आने दीजिए कि चीजें केवल आपके कारण चल सकती हैं।***

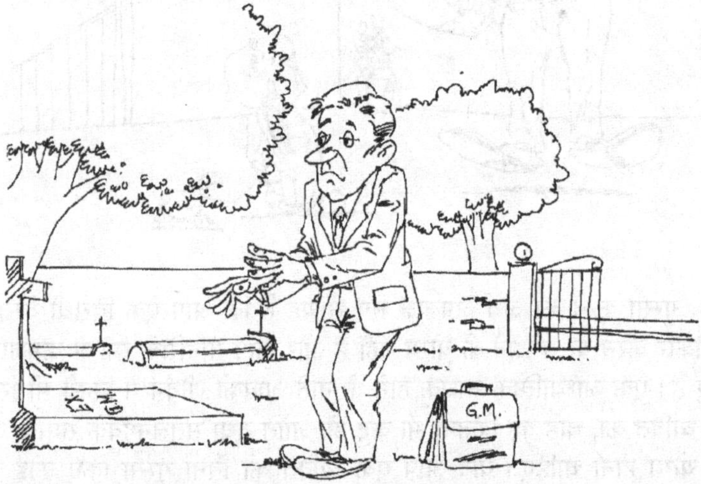

इसी भांति आपको अपने परिवार का पालन-पोषण करने के बारे में भी अनावश्यक चिंताएं और परेशानी नहीं करनी चाहिए। उनका पालन-पोषण भी परमात्मा के द्वारा किया जाता है आपके द्वारा नहीं। आप उनका लालन-पालन करने के लिए परमात्मा का एक साधन मात्र हैं, और एक सेवक अथवा संदेशवाहक की तरह हैं तथा इस अवसर का उपयोग परमात्मा के मार्गदर्शन में अपना विकास करने के लिए कर रहे हैं।

74. अपनी समस्याओं व कठिनाइयों का विज्ञापन मत करिए

कुछ लोगों की आदत होती है कि वे जो भी मिलता है उससे यहां-वहां अपनी समस्याओं और कठिनाइयों का राग अलापते रहते हैं। जब तक कि आपको वास्तव में किसी की सहायता की आवश्यकता न हो, अपनी कठिनाइयों और समस्याओं का विज्ञापन आप दूसरों के सामने न कीजिए, बल्कि उनका समाधान करने की स्वयं कोशिश कीजिए और उनको अपने तक सीमित रखिए।

मानव की स्वाभाविक प्रवृति के अनुसार कोई आपकी समस्याओं में दिलचस्पी नहीं रखता। हरेक व्यक्ति सिर्फ अपनी समस्याओं में रुचि रखता है। आपकी समस्याओं के भाषण से या तो वह उकता जाएगा अथवा यह देख कर कि आपकी समस्याएं उसकी समस्याओं से अधिक हैं, क्षणिक सुख एवं संतोष का अनुभव करेगा। इसके अतिरिक्त जब आप हर समय अपनी समस्याओं के बारे में दूसरों को बताते रहते हैं, तो उससे आपकी मानसिक कमजोरी और बचपना प्रकट होता है, क्योंकि इससे पता चलता है कि आप सांसारिक समस्याओं को अत्यधिक गंभीरता से ले रहे हैं, जबकि वास्तव में वे सभी के जीवन का एक सामान्य और अस्थायी अंग हैं। हां, यदि आपकी इच्छा है तो आप अपनी समस्याओं को हल करने के लिए किसी ऐसे आदमी से, जो आपसे उस क्षेत्र में अधिक समझदार, जानकार और अनुभवी है, सलाह जरूर ले सकते हैं।

इसी प्रकार विभिन्न वस्तुओं के बारे में लगातार शिकायतें और नोक-झोंक करने की आदत से बचिए। यह अपरिपक्व तथा कमजोर मन का सूचक है। इसी प्रकार जब तक आपसे पूछा न जाए, अपने बारे में ज्यादा स्पष्टीकरण और सफाई भी लोगों को न दीजिए। लोग अपनी मानसिकता के अनुसार आपके बारे में जो सोचते हैं सोचने दीजिए। आपको उसकी चिंता नहीं करनी चाहिए।

75. सहनशीलता का विकास कीजिए

सहनशीलता सबसे महान गुण है। ***अपने प्रति कठोर बनिए जबकि दूसरों के दोषों तथा कमियों के प्रति उदार।*** दूसरों के द्वारा आपको जो हानि पहुंचाई जाती है, जो कठोर शब्द कहे जाते हैं, जो आघात और अपमान किए जाते हैं, उनके प्रति सहनशीलता का विकास कीजिए। आपमें दूसरों के गलत कार्यों को सरलता से भूल जाने और क्षमा करने की शक्ति होनी चाहिए। इससे आपका मन और चेतना शक्तिशाली तथा शुद्ध बनती है। धीरे-धीरे आपका मन आपके विरुद्ध किए गए सभी हानिकारक प्रभावों से अप्रभावित रहने की शक्ति विकसित कर लेता है। एक सहनशील व्यक्ति सभी सीमाओं को पार कर किसी भी ऊंचाई पर पहुंच सकता है।

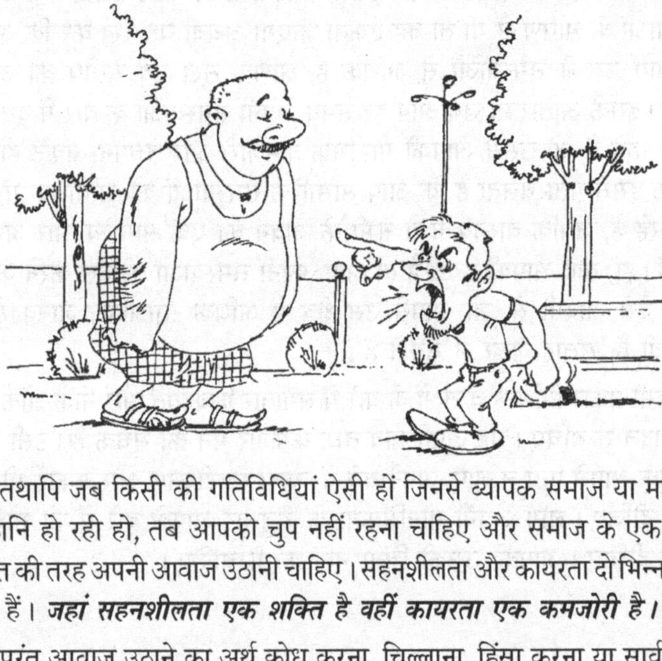

तथापि जब किसी की गतिविधियां ऐसी हों जिनसे व्यापक समाज या मानवता की हानि हो रही हो, तब आपको चुप नहीं रहना चाहिए और समाज के एक प्रबुद्ध व्यक्ति की तरह अपनी आवाज उठानी चाहिए। सहनशीलता और कायरता दो भिन्न-भिन्न चीजें हैं। ***जहां सहनशीलता एक शक्ति है वहीं कायरता एक कमजोरी है।***

परंतु आवाज उठाने का अर्थ क्रोध करना, चिल्लाना, हिंसा करना या सार्वजनिक संपत्ति को नष्ट करना नहीं है। यदि नीचे स्तर के अधिकारी उत्तर नहीं देते, तो आपको क्रमशः बड़े-से-बड़े अधिकारी को अपनी शिकायत मौखिक या लिखित रूप में बता कर अपनी आवाज बुलंद करनी चाहिए। अपने साथ कुछ और शुभेच्छुओं को संगठित करिए और संबंधित उच्च अधिकारी से 4-5 के समूह में मिलिए, इसका अकेले मिलने की अपेक्षा बेहतर प्रभाव पड़ता है।

76. सभी धर्म अच्छे हैं

दूसरों पर अपने धर्म की महानता लादने की कोशिश न कीजिए। सभी धर्म अच्छे व महान हैं। वे आपको परमात्मा तक ले जाने के भिन्न-भिन्न मार्ग हैं। इसी प्रकार सभी 'गुरु' महान हैं। वे आपको अपने अंतिम लक्ष्य तक पहुंचने की शिक्षा तथा मार्गदर्शन देने वाले अध्यापक हैं। सबका अंतिम लक्ष्य एक ही है। केवल मार्ग और अध्यापक भिन्न-भिन्न हैं। सभी धर्मों और गुरुओं के प्रति समान आदर रखते हुए आपको जो सुविधाजनक लगे, आप उसे अपना सकते हैं। सर्वोच्च स्तर पर सभी गुरु और संत समान हो जाते हैं। वहां कोई अंतर नहीं रहता।

अतः अनावश्यक तुलना करने और अपनी महानता स्थापित करने का प्रश्न ही नहीं उठता। ***मेरे विचार के अनुसार, जो व्यक्ति धर्मों की तुलना को लेकर झगड़ता है, उससे अधिक अधार्मिक व्यक्ति कोई नहीं होता। किसी विशेष धर्म या विश्वास के लिए मतांध या कट्टर होना अपने विकास के रास्ते पर एक रुकावट लगा देना है।*** जब तक आप इस विषय में अपने दृष्टिकोण को व्यापक नहीं करते, आप अंतिम लक्ष्य तक नहीं पहुंच सकते और अपनी यात्रा में एक ही स्थान पर अटके रह जाते हैं।

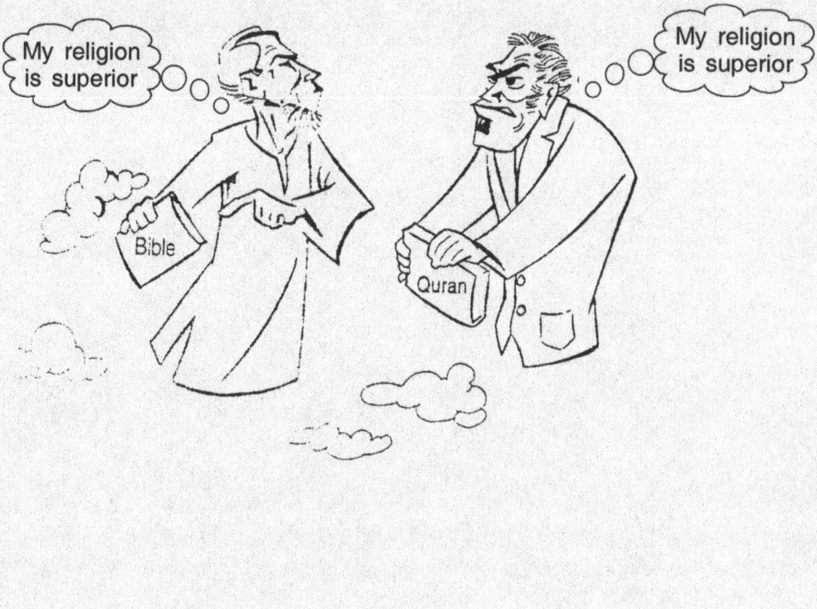

77. हर विषय में न उलझें, एक विषय के ही विशेषज्ञ बनें

सांसारिक विषयों के ज्ञान की कोई सीमा नहीं। किसी भी व्यक्ति द्वारा हर चीज का पूर्ण ज्ञान प्राप्त करना व्यावहारिक रूप से असंभव है। इसलिए केवल एक विषय के विशेषज्ञ बनिए और उसी में संसार की सेवा कीजिए। दूसरे क्षेत्रों में, आम व्यवहार के लिए आप केवल सामान्य ज्ञान प्राप्त कर सकते हैं।

हमारा अंतिम लक्ष्य आत्मज्ञान पाना है, यही हमें सभी परेशानियों और कष्टों से मुक्त करेगा। सांसारिक ज्ञान आपको वह स्वतंत्रता और आनंद नहीं दे सकता जिसकी आप खोज करते फिर रहे हैं। उस अंतिम लक्ष्य को पाने के लिए सांसारिक ज्ञान केवल एक साधन हो सकता है ***लेकिन इस बात को स्पष्ट रूप से स्मरण रखिए कि हमारा उद्देश्य अधिक से अधिक सांसारिक ज्ञान प्राप्त करना नहीं है। हमारा उद्देश्य है जीवन का ज्ञान,*** उदाहरणार्थ मैं कौन हूं? जीवन क्या है? परमात्मा क्या है? जीवन में मेरा उद्देश्य क्या है? इस विश्व का उद्देश्य क्या है? ***केवल इन प्रश्नों के उत्तर ही आपको वह शांति और पूर्ण संतोष देंगे जिनकी आप खोज कर रहे हैं।***

78. बेझिझक सहायता लीजिए और दीजिए

दूसरों को सहायता देने या उनसे लेने में कोई संकोच नहीं करना चाहिए। सभी क्योंकि एक परमात्मा के पुत्र हैं, इसलिए यह हर व्यक्ति का जन्मसिद्ध अधिकार है। ***तथापि यदि कोई सहायता देने से इनकार करता है या कोई आपके द्वारा दी गई सहायता को मान्यता नहीं देता, तो आपके हृदय में उसके प्रति कोई द्वेष नहीं होना चाहिए।***

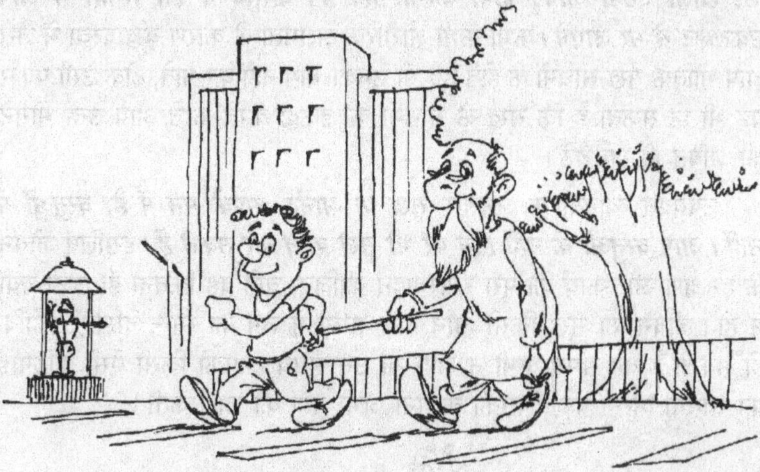

दूसरों की सहायता करके आप अपने को शुद्ध कर रहे हैं। दूसरों को भौतिक सहायता, ज्ञान अथवा मार्ग दर्शन देने से आपको किसी चीज की कमी नहीं होती। दिव्य या आध्यात्मिक नियम के अनुसार, ***जितना आप देते हैं, उतना ही अधिक आपको मिलता है। आपको उस व्यक्ति का कृतज्ञ होना चाहिए, जो आपको सहायता प्रदान करने का अवसर देता है।***

79. प्रत्येक क्षण का आनंद लीजिए

अपने जीवन को ऐसी रीति से बिताइए कि आप उसके प्रत्येक क्षण का आनंद लें। कुछ लोग अपने जीवन को इस दृष्टिकोण से गुजारते हैं कि अभी तो वे घोर संघर्ष करेंगे और कठोरता से रहेंगे, ताकि वे जीवन में, बाद में, सुख से रह सकें। यह एक गलत दृष्टिकोण है। ***आपको कार्य और संघर्ष करते हुए भी उनके बीच सुख या प्रसन्नता से रहना सीखना चाहिए। याद रखिए कि सभी सुख-साधनों से घिरे रह कर खाली बैठना आनंद प्राप्त करना नहीं है। वास्तव में इस स्थिति में आप उकताहट से भर जाएंगे।*** कभी-कभी शारीरिक अक्षमता के कारण वृद्धावस्था में जैसे आप भौतिक सुख-साधनों के होते हुए भी उनका भोग नहीं कर पाते, ठीक उसी प्रकार यह भी हो सकता है कि सुख के साधनों को इकट्ठा करते-करते आप उन्हें भोगने की शक्ति ही खो बैठें।

उपर्युक्त व्याख्या के अनुसार ***सुख या आनंद आपके मन में है, वस्तुओं में नहीं। आप वस्तुओं के नहीं होने पर भी सुख प्राप्त कर सकते हैं।*** इसलिए जीवन के हर क्षण और कार्य का पूरा रसास्वादन कीजिए, चाहे वह कितना ही छोटा क्यों न हो। जीवन का सुख किसी आने वाले समय में लेने का स्वप्न देखिए, क्योंकि हो सकता है वह समय कभी न आए या उस समय आपको किसी ऐसी कठिनाई का सामना करना पड़े, जिसकी कल्पना अभी नहीं की जा सकती।

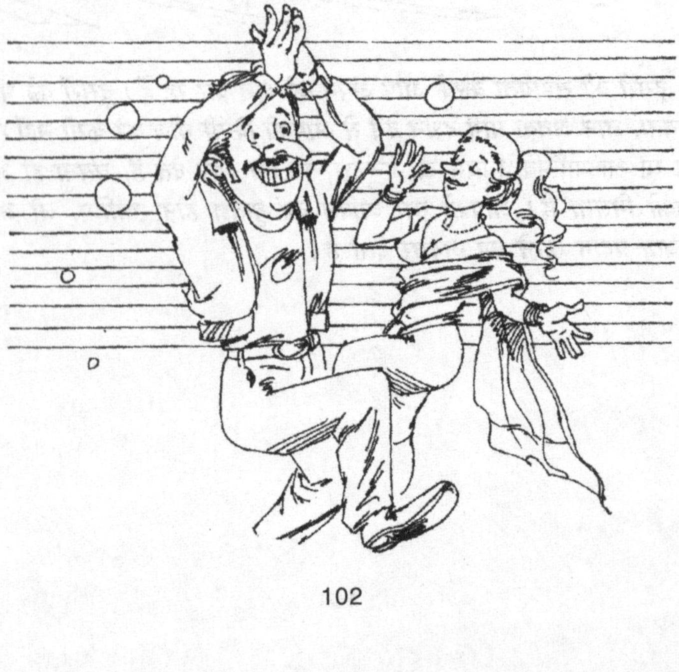

80. प्रत्येक से शिक्षा लें

आपको किसी भी व्यक्ति को गिरी हुई निगाह से नहीं देखना चाहिए। ***संसार में ऐसा कोई व्यक्ति नहीं, जिसे कुछ भी न आता हो और संसार में ऐसा भी कोई नहीं, जिसे सब कुछ आता हो। प्रत्येक व्यक्ति चाहे समाज में उसका कोई स्थान या व्यवसाय हो, ऐसी कोई-न-कोई चीज जानता है जो आप नहीं जानते।*** अतः हरेक से कुछ-न-कुछ सीखने का प्रयत्न करिए।

दिन-प्रतिदिन के जीवन में यह अभ्यास करने के लिए किसी से भी व्यवहार करते समय अपने दिमाग को खुला रखिए। सदैव जिस व्यक्ति से आप व्यवहार कर रहे हैं उससे नवीन प्रतिभा, अनुभव और ज्ञान को लेने के लिए प्रयत्नशील रहिए। कहीं जाने अथवा किसी व्यक्ति से मिलने पर हमेशा अपने आपसे पूछिए कि क्या मैंने उससे कुछ सीखा या मैंने अपना समय नष्ट किया?

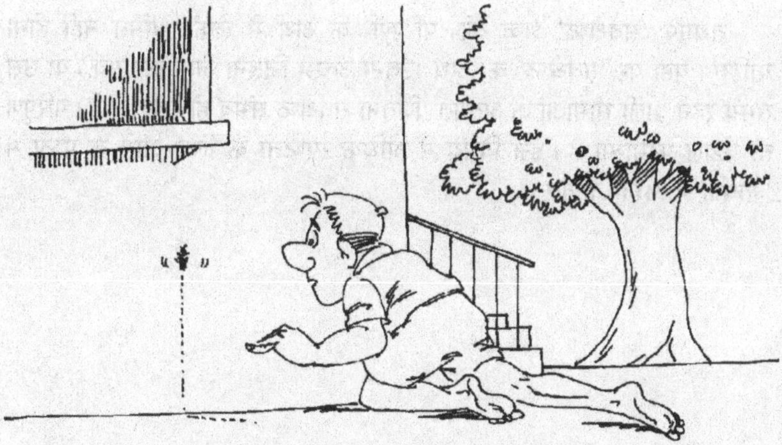

हरेक प्राणी से कुछ सीखने की कोशिश करिए।

81. 'सर्वश्रेष्ठ' को ही उद्देश्य बनाकर चलें

परमात्मा के दिव्य शिशु होने के कारण, आप हर उस वस्तु को लेने के अधिकारी हैं जो सर्वश्रेष्ठ है। इसलिए कोई कारण नहीं कि आप परेशानियों, सीमाओं और बंधनों का जीवन जीएं। ये आपके द्वारा रची गई हैं।

लेकिन इस महान विशेषाधिकार का अधिकारी बनने के लिए आपके ऊपर एक महान उत्तरदायित्व भी है कि आपको भी अपने से संबंधित क्षेत्र में विश्व को अपना सर्वश्रेष्ठ योगदान देना होगा। अतः सर्वश्रेष्ठ से कम देने में अथवा सर्वश्रेष्ठ से कम स्वीकार करने में कभी समझौता न कीजिए। इसका अभ्यास करने के लिए ***प्रत्येक दिन अपना कार्य पिछले दिन से कुछ बेहतर करने का प्रयत्न कीजिए।*** जब कभी आपको अवसर मिले, अपने कार्य को बेहतरीन करने के लिए नई-नई तकनीकें सीखिए। आपको प्रतिदिन अपने को पिछले दिन की अपेक्षा अधिक बुद्धिमान और बेहतर अनुभव करना चाहिए।

तथापि 'सर्वश्रेष्ठ' शब्द को 'परिपूर्ण' के अर्थ में लेकर भ्रमित नहीं होना चाहिए। यहां पर 'सर्वश्रेष्ठ' का अर्थ 'उतना अच्छा जितना आप कर सकें' या उस समय रहने वाली सीमाओं के अंतर्गत 'जितना सर्वश्रेष्ठ संभव हो सके' से है। परिपूर्ण तो केवल परमात्मा है। इस विषय में अधिक स्पष्टता के लिए आगे के पृष्ठों में 'शीर्षक न. 100 देखिए।

82. शिष्टाचार और व्यवहार से संबंधित कुछ काम की बातें

अपने दिन-प्रतिदिन के जीवन में आपको व्यवहार के अच्छे तरीके, उचित शिष्टाचार और सभ्य समाज के नियमों का पालन करना चाहिए, उदाहरण के लिए–

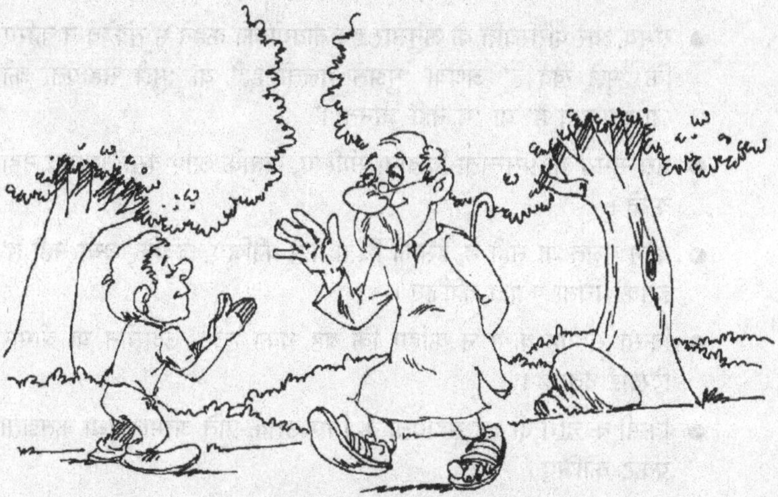

- 'धन्यवाद' और 'कृपया' शब्दों का उदारता से उपयोग कीजिए।
- अपने से बुजुर्ग आगंतुक का स्वागत करते हुए खड़े हो जाइए।
- उधार ली हुई चीजों को समय पर वापस कीजिए।
- व्यंग्य वचनों का उपयोग न कीजिए।
- रहस्यों को अपने तक रखिए, उनको बताने के लोभ से बचिए। अपने घनिष्ठ मित्र को भी कोई रहस्य बताने से पहले दो बार विचार कीजिए।
- जो लोग आपके चारों ओर रहते हैं, उनके नाम याद रखिए।
- निजी गोपनीयता का आदर कीजिए। किसी के कमरे में जाने से पहले दरवाजा खटखटाइए।
- आप सहमत हों या असहमत, जब दूसरे लोग बोल रहे हों तो उनको बीच में टोकने की प्रवृत्ति को रोकिए। चाहे वह चीज आप पहले से जानते हों या नहीं, ध्यान से और पूरी तरह सुनिए। अपनी बारी आने पर ही बोलिए।

- क्रोध किए बिना असहमत होना सीखिए।
- समय की पाबंदी कीजिए। बैठकों को निश्चित समय पर करिए।
- जब तक पूछा न जाए, लोगों को बिना मतलब सलाह न दीजिए।
- अपने शब्दों और वचनों का पालन कीजिए।
- काम या व्यापार की बातें सड़क पर न करिए।
- प्रशंसा सबके सामने करिए और आलोचना एकांत में।
- समय और परिस्थिति के अनुसार इन वाक्यों को कहने में संकोच न करिए कि 'मुझे खेद है' अथवा 'मुझसे गलती हुई' या 'मुझे सहायता की आवश्यकता है' या 'मैं नहीं जानता।'
- उस समय भी प्रसन्नता दिखाना सीखिए, जबकि आप वैसा अनुभव नहीं करते।
- कौन गलत या सही है, इसकी चिंता कम कीजिए, जबकि 'क्या सही है' इसकी चिंता ज्यादा कीजिए।
- किसी से यह कभी न कहिए कि वह थका हुआ, उदासीन या बीमार दिखाई देता है।
- किसी के द्वारा दी गई सहायता के लिए उसके प्रति आभार तथा कृतज्ञता प्रकट कीजिए।
- उधार लिया हुआ वाहन उसके पैट्रोल टैंक को पूरा भर कर वापस कीजिए।
- काम पर समय से आइए और छुट्टी से पहले न जाइए।
- आपने हर वस्तु जिस स्थिति में ली है, उसी स्थिति में लौटाइए।
- कुछ समय केवल अपने परिवार के लिए पूरी तरह सुरक्षित रखिए और उन्हें अपने शब्दों तथा कार्यों से यह जताइए कि आप उन्हें प्यार करते हैं और वे आपके लिए अत्यंत महत्वपूर्ण हैं।
- जब आलोचना करने का लोभ आए तो अपनी जुबान बंद रखिए।
- निर्णय लेने से पहले दोनों पक्षों को सुन लीजिए।

ये छोटी-छोटी दिखाई देने वाली बातें समय पर और दूसरों के ऊपर बहुत प्रभाव डालती हैं।

83. किसी के बारे में न बुरा सोचें न बुरा बोलें

विचार बहुत शक्तिशाली हथियार है। जब कभी आप दूसरे के बारे में बुरा विचार करते या बोलते हैं, आप केवल उस व्यक्ति को ही हानि नहीं पहुंचाते वरन् स्वयं भी अस्थायी रूप से उन नकारात्मक विचार कंपनों से आवेशित हो जाते हैं और परिणामस्वरूप अपने को नुकसान पहुंचाते हैं। इसके अलावा कर्म के नियमानुसार, आप विचार से किसी को नुकसान पहुंचाने के कारण और अधिक दंडित होते हैं। इसलिए ऐसा न करिए। ***कोई भी व्यक्ति अच्छा-बुरा जैसा करता है उसी के अनुसार भोगेगा। आप उसके लिए क्यों परेशान होते हैं?***

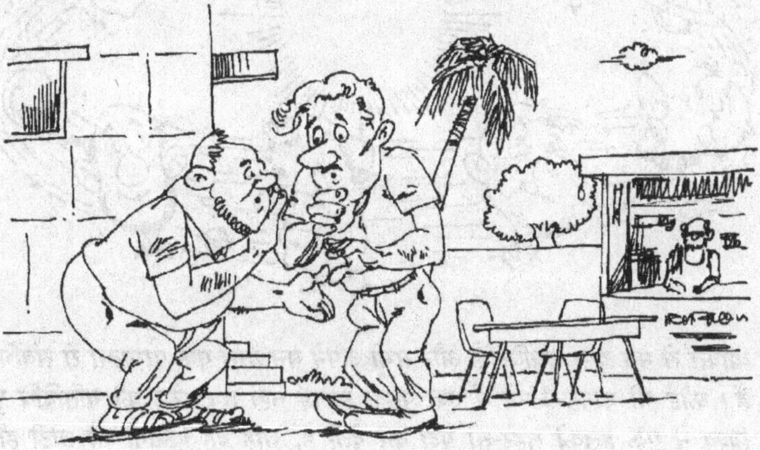

लेकिन यदि किसी के कार्य आपके विकास में बाधा बन रहे हैं अथवा पूरे समाज की हानि कर रहे हैं, तो आपको निश्चित ही पूरे समाज के वृहत् हित के लिए कोई कदम उठाना होगा। परंतु यह आप उस व्यक्ति के विरुद्ध बिना कोई बदले की भावना रखते हुए करेंगे। बेहतर यह है कि आप उस व्यक्ति के प्रति ये शुभकामनाएं रखते हुए कदम उठाएं कि वह अपना सुधार करेगा। इस प्रक्रिया में आपको कुछ चतुरता और व्यवहार कुशलता का उपयोग करना पड़ सकता है। अलंकारिक भाषा में यह कहा जाता है कि आपके द्वारा दूसरों में देखे गए दोष आपकी अपनी कमियों की छायाएं हैं। यह दृष्टिकोण इस दर्शन पर आधारित है कि हम बाह्य जगत जैसा भी देखते हैं, वह हमारी मानसिक स्थिति या आंतरिक जगत का प्रतिबिंब है। यह जगत अपने में न अच्छा है और न बुरा।

84. सभी एक-दूसरे से जुड़े हैं

हमें बाहरी रूप से यह अनुभव होता है कि सभी मानव एक-दूसरे से अलग हैं। लेकिन वास्तविकता इसके बिल्कुल विपरीत है, क्योंकि यह अलगाव केवल शारीरिक है। असल में, हम सब मानसिक रूप से एक-दूसरे से संबंधित हैं। यही कारण है कि हम एक-दूसरे के सुख-दुख का अनुभव कर सकते हैं। ***प्रत्येक व्यक्ति दूसरे***

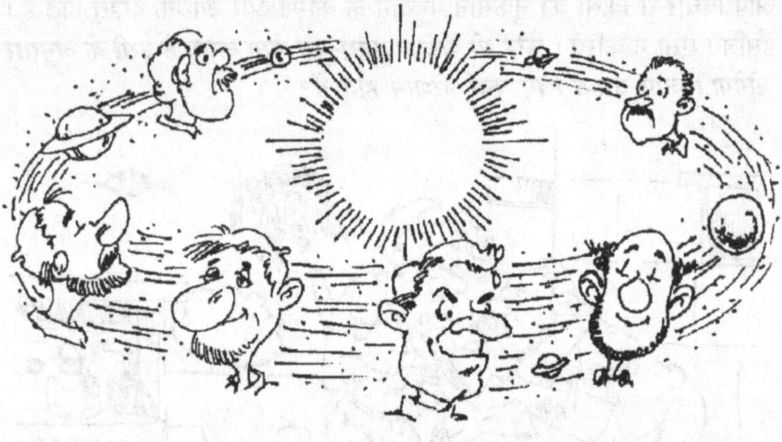

व्यक्ति से मन द्वारा संबंधित है और सभी अपने मन द्वारा एक परमात्मा से संबंधित हैं। कोई भी मानव अपने में एक पृथक् इकाई नहीं है। हरेक की गतिविधि पूरे विश्व में एक हलकी लहर-सी पैदा कर देती है, चाहे वह कितनी भी छोटी हो। वास्तव में प्रत्येक व्यक्ति अपने मन द्वारा संपूर्ण ब्रह्मांड के संपर्क में है।

85. हर परिस्थिति से शिक्षा लें

मानव जीवन ऐसा बनाया गया है कि आप जीवन में विभिन्न प्रकार की परिस्थितियों का सामना करेंगे, उनसे भांति-भांति की शिक्षाएं लेंगे और विकास करेंगे। आपके लिए जीवन में परिस्थितियों और अवसरों की कमी नहीं है। ***प्रत्येक अवसर आपके लिए एक अनुभव है। कोई भी दो परिस्थितियां एक-सी नहीं होतीं। हर क्षण दूसरे क्षण से बिल्कुल अलग तरह का होता है, चाहे आप उसे देख न पाएं।***

किसी भी व्यक्ति की जीवन यात्रा एक सीधी रेखा नहीं होती कि वह रात-दिन सदैव एक-सा जीवन जीएगा। जीवन में अनेक घुमाव आते हैं। ***आपका काम हर अनुभव से लाभ उठाना है। कोई भी अवसर, चाहे वह कितना ही छोटा और महत्वहीन दिखता हो आपको कुछ-न-कुछ सीखने का मौका देता है।*** बस, शर्त यह है कि आप अपने मन को शिक्षा ग्रहण करने के लिए खुला रख सकें।

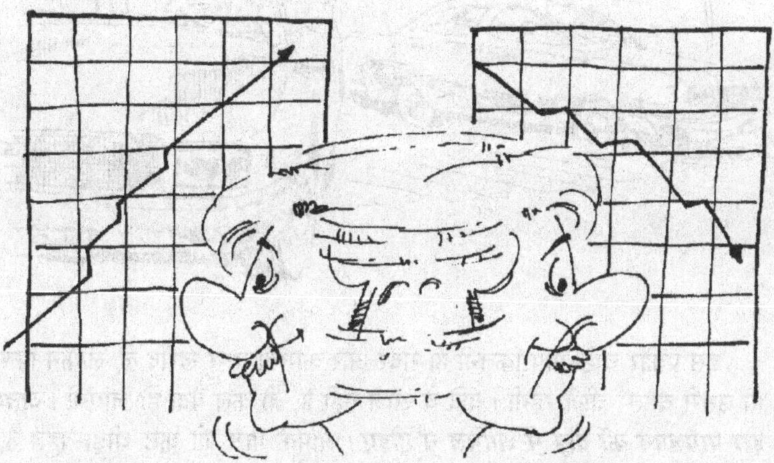

स्वामी मुक्तानंद की आध्यात्मिक उत्तराधिकारिणी गुरुमाई कहती हैं–"जीवन की प्रत्येक स्थिति को एक कला की तरह देखिए। किसी भी स्थिति को व्यर्थ नहीं जाने दीजिए।"

86. तुलना न करें

कुछ लोगों की आदत हर चीज की तुलना दूसरों से करने और सदा निराश रहने की होती है। ऐसे लोगों को अनुभव करना चाहिए कि इस विशाल जगत में तुलना का कोई अंत नहीं है। आप किसी भी ऊंचे पद पर पहुंच सकते हैं, लेकिन सदैव कुछ लोग ऐसे होंगे जो आपसे ऊपर होंगे और कुछ आपसे नीचे। यह इस जगत की प्रकृति है।

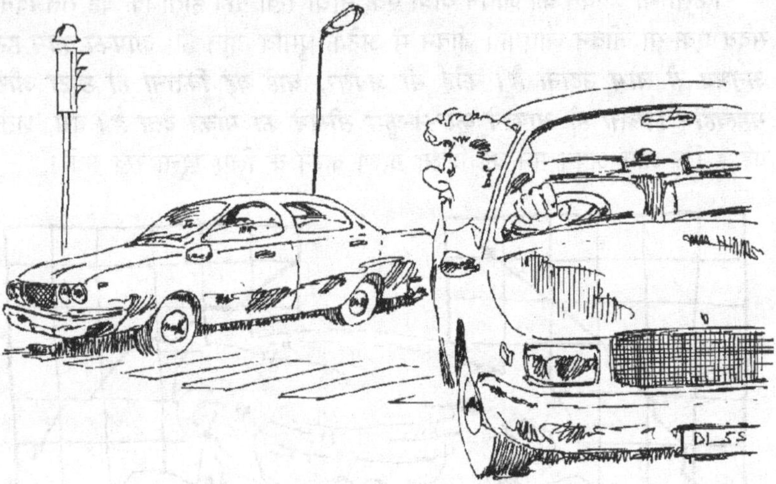

इस प्रकार चाहे आप कितनी ही सुंदर और कीमती वस्तु खरीद लें, लेकिन फिर भी उससे बेहतर चीजें रहेंगी। यदि वे आज नहीं हैं, तो कल पैदा हो जाएंगी। ***अतः इस पागलपन की दौड़ में शामिल न होइए।*** आपके पास जो कुछ थोड़ा-बहुत है, उससे अधिकतम संतोष पाने का प्रयत्न कीजिए। ***इस परिवर्तनशील संसार में एक-के-बाद एक बढ़िया और आकर्षक चीजें आती ही रहेंगी। इनका कोई अंत नहीं है।***

87. अपने निर्णय स्वयं लें

कुछ लोगों की आदत होती है कि अपने बारे में निर्णय लेने के लिए वे दूसरों की ओर देखते हैं। यह आत्मविश्वास से हीन, एक कमजोर मन की पहचान है। ***आपको अधिकतर अपनी समस्याओं का हल स्वयं करना चाहिए और अपने निर्णय खुद लेने चाहिए। आप दूसरों से सलाह ले सकते हैं, लेकिन अपने बारे में अंतिम निर्णय आपका ही होना चाहिए।***

जो लोग अपना जीवन चलाने के लिए दूसरों पर निर्भर रहते हैं, वे कभी सफल नहीं होते। जो लोग महान और सफल बन चुके हैं उन्होंने अपने जीवन में कुछ स्वतंत्र रूप से जोखिम भरे निर्णय लिए हैं। यह कहा जाता है कि ***'महान बनने के लिए आपको अपने जीवन में एक-न-एक खाई खुद जरूर पार करनी पड़ेगी।'***

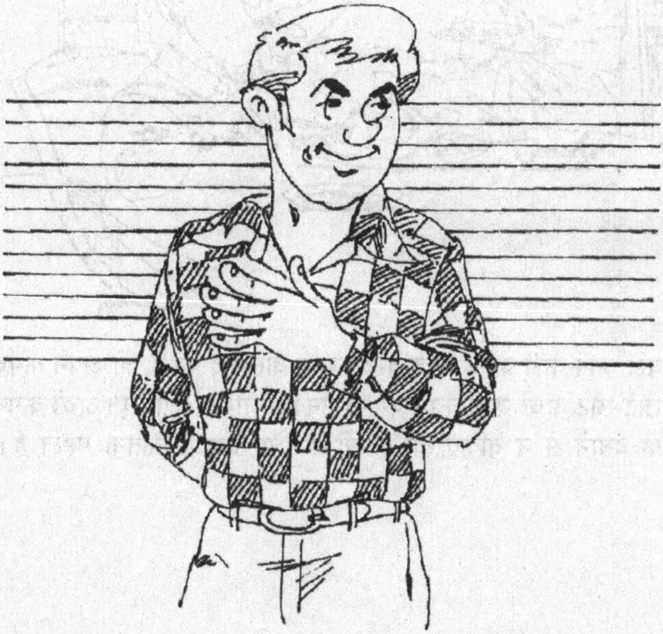

88. सराहना करना सीखिए

दूसरों द्वारा किए गए अच्छे कार्यों की सराहना करना सीखिए। इससे अच्छा करने वालों को प्रोत्साहन मिलता है, परिणामस्वरूप चारों ओर एक स्वस्थ वातावरण बनता है। दूसरों में अच्छाई देखने से आपका मन सदैव सकारात्मक और प्रसन्न रहेगा। ***कोई व्यक्ति चाहे कितना बुरा हो, उसमें कुछ-न-कुछ, कोई-न-कोई अच्छाई जरूर होती है।***

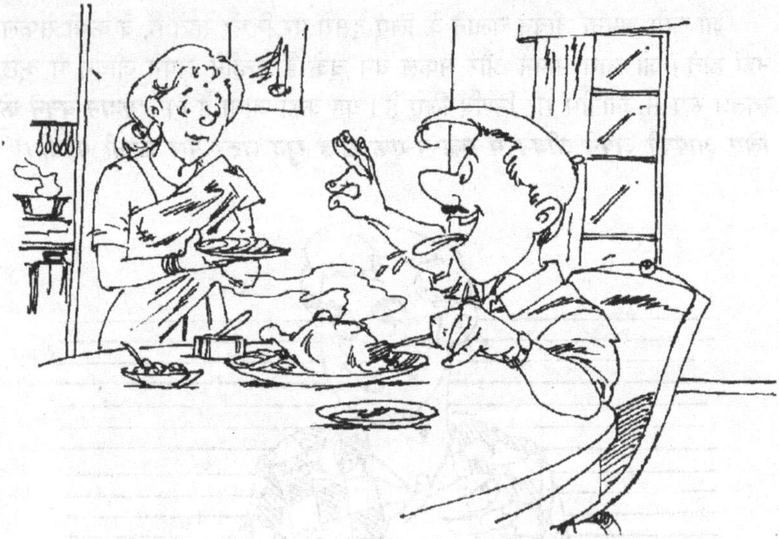

यदि आप कहीं प्रबंध या व्यवस्था करने वाले पद पर हैं, तो अपने कर्मचारियों द्वारा छोटे-छोटे अच्छे कार्य करने पर भी उनकी सराहना कीजिए। अच्छे कर्मचारियों को यह बताने से न चूकिए कि कंपनी के लिए उनका कितना महत्व है।

89. ऊंचाई छूने पर और ज्यादा विनम्र बनें

एक कहावत है कि *'सबसे महान व्यक्ति वह है, जो सबका सेवक है।'* महान व्यक्ति जैसे-जैसे अधिक धन, शक्ति, प्रतिष्ठा, सम्मान पाते जाते हैं, वैसे-वैसे अधिक विनम्र बनते जाते हैं। नाम, प्रसिद्धि, धन और शक्ति पाकर घमंडी होते जाना एक अविकसित तथा अस्वस्थ मन की निशानी है। आपको अपनी भौतिक प्रतिष्ठा, जैसे नाम, प्रसिद्धि, धन, शक्ति का दूसरों के सामने दिखावा करने का प्रयत्न नहीं करना चाहिए। आप उन सबको बस परमात्मा को अर्पित कर दीजिए। ये सब वस्तुएं आपकी नहीं परमात्मा की हैं। ***घमंड और अक्खड़पन से व्यक्ति निश्चित रूप से पतन की ओर जाता है। यह एक शाश्वत नियम है, इससे कोई बच नहीं सकता।***

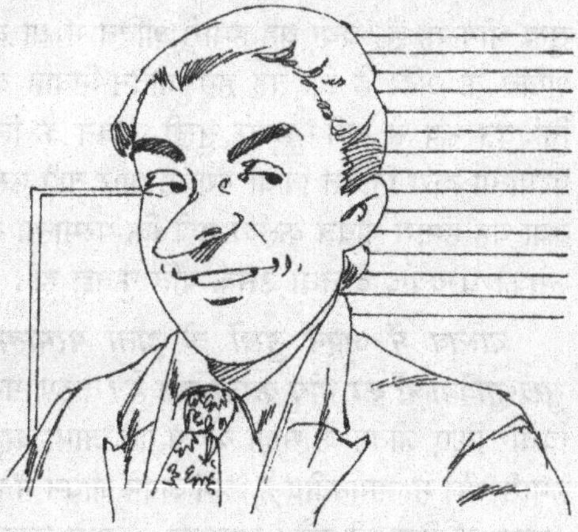

आप समाज के किसी भी स्तर पर हों, आप तक ऊंचे-से-ऊंचे और नीचे-से-नीचे व्यक्ति की पहुंच होनी चाहिए। आपको यह अनुभव करना चाहिए कि कार्यालय अथवा समाज में जो भिन्न-भिन्न स्तर बनाए गए हैं, वे संगठन की दृष्टि से या कार्यों को पूरा करने के उद्देश्य से बनाए गए हैं, न कि दूसरों पर प्रभाव जमाने के लिए। ***परमात्मा के शिशुओं के रूप में हम सभी समान हैं। इसके अतिरिक्त वास्तविक महानता गुणों और विशेषताओं से आती है न कि पद अथवा धन से। यह कहा जाता है कि आप किसी पद के योग्य केवल तभी हैं जब आप उस पर बने रहने का विचार पूरी तरह त्याग देते हैं। आपने यह कहावत सुनी होगी– 'वह ही शासन करने के योग्य है, जो मुकुट (ताज) को अनिच्छा से पहनता है।'*** इसलिए अपने पद की महानता या उच्चता का हलका-सा भाव भी मिटा दीजिए। परमात्मा की ओर से परमात्मा के सेवक की भांति कार्य कीजिए।

90. परमात्मा द्वारा दिए हर सुख के लिए उसको धन्यवाद दीजिए

इस जीवन में हम अनेक सुखों को भोग रहे हैं। हममें से अधिकांश इतने सौभाग्यशाली हैं कि उनकी मूलभूत आवश्यकताएं पूरी हो चुकी हैं। उदाहरण के लिए, हमारे पास रहने के लिए घर है, पहनने के लिए कपड़े हैं, खाने-पीने के लिए भोजन है, अपना सुख-दुख बांटने के लिए परिवार है, सामाजिक आवश्यकताओं की पूर्ति के लिए पड़ोसी हैं, रोजी-रोटी कमाने और व्यस्त रहने के लिए नौकरी या व्यापार का साधन है, 70-80 वर्ष तक अपने कार्य पूरे करने योग्य स्वास्थ्य है।

लेकिन क्या हमने कभी यह विचार किया है कि किसकी कृपा से हम ये सारे सुख भोग रहे हैं? क्या यह हमारी शक्ति में था या पूरे संसार में किसी मनुष्य की शक्ति के अंदर है कि वह हमें जीवन-निर्वाह का इतना विशाल ढांचा दे सके, निश्चित रूप से नहीं। हमारे सुखी जीवन के लिए यह चमत्कारिक ढांचा केवल परमात्मा द्वारा निर्मित किया गया है और वही उसको प्रभावपूर्ण बनाए हुए है। तो क्या यह हमारा पवित्र कर्तव्य नहीं कि परमात्मा की कृपा का लाभ उठाते हुए हम उसको धन्यवाद दें तथा उसके प्रति कृतज्ञ हों।

वास्तव में अपने सुखों के दाता परमात्मा को धन्यवाद दिए बिना इन सुख-सुविधाओं का भोग करना पाप है। करुणामय परमात्मा के बारे में बिना कभी विचार किए जीवन के सुखों को भोगते जाना बहुत अधिक स्वार्थपूर्ण पशुवत् और हमारी ओर से अमानवीय है। हमें अपने जीवन में छोटी-से-छोटी सुख-सुविधाओं और आराम के लिए भी सदैव परमात्मा के प्रति कृतज्ञता का भाव रखना चाहिए।

91. दूसरों को सदैव गलत मत समझिए

कुछ लोग दूसरों को सदैव गलत समझते हैं। वे हमेशा यह अनुभव करते रहते हैं कि दूसरों का लक्ष्य उनको नुकसान पहुंचाना अथवा उनका अपमान करना है। अपने कार्य पर की गई किसी भी टिप्पणी या सुझाव को वे व्यक्तिगत अपमान और आलोचना के रूप में लेते हैं। वे दूसरों के वार्तालाप को वाद-विवाद की एक चुनौती के रूप में लेते हैं।

हर अनजानी चीज या नई बात को अपने लिए एक संकट के रूप में देखना वास्तव में हमारे निम्न स्वभाव की मूल प्रवृत्तियों में से एक है। महर्षि पतंजलि ने भी अपने योग सूत्र में कहा है कि ***मन का स्वभाव संदेह करना है।*** परंतु सही ज्ञान तथा मनन द्वारा हम इस स्वाभाविक कमजोरी को वश में कर उसे रूपांतरित कर सकते हैं। यदि हम गहराई से विचार करें तो पाएंगे कि ***दूसरों से अपने को अलग समझने की भावना के कारण ही यह गलतफहमी विकसित होती है।*** हम अनुभव करते हैं कि हम बाकी संसार से अलग हैं और सारी दुनिया हमें अपनी ऐसी दुश्मन लगने लगती है, जिसके विरुद्ध अपने को बचाए रखने के लिए सतत युद्ध करते रहना पड़ेगा। लेकिन वास्तव में क्या ऐसा है? वास्तविकता यह है कि हम एक-दूसरे से अलग नहीं हैं। हम सभी एक-दूसरे से संबंधित हैं और इस पूरी सृष्टि के एक अंश हैं। हमारी आवश्यकताएं और लक्ष्य समान हैं। जिन बातों में हम दूसरों से सहमत हैं, वे उनसे कहीं अधिक हैं जिनमें हम दूसरों से असहमत हैं। इसलिए आपसी नासमझी के लिए जगह ही कहां है?

दूसरों से व्यवहार करते समय इस भावना से शुरुआत नहीं करिए कि दूसरा आपका दुश्मन है। इसके बजाय इस भाव से प्रारंभ करना बेहतर है कि दूसरा अच्छा व्यक्ति है। जब दूसरा व्यक्ति अपने कार्यों से अपने को बुरा सिद्ध कर दे, केवल तभी आपको अपना विचार बदलना चाहिए।

92. सत्ता और शक्ति के पीछे भागें नहीं, उनको अपने-आप आने दें

बहुत से लोगों में यद्यपि पर्याप्त प्रतिभा होती है तथापि वे अपने जीवन में कोई उल्लेखनीय कार्य शुरू नहीं कर पाते; वे अपने कार्य के विकास के लिए आवश्यक शक्ति, सुविधाएं, अवसर, स्रोत आदि की कमियों को लेकर शिकायत करते रहते हैं।

इस संबंध में कृपया यह याद रखिए कि किसी भी महान उपलब्धि के लिए कोई आपके पास हाथ जोड़ कर यह प्रार्थना करने नहीं आएगा, ''श्रीमान्! ये रहीं वे चीजें जिनकी आपको महान बनने के लिए आवश्यकता है। कृपया इन्हें स्वीकार करिए।'' बल्कि महान उपलब्धि पाने की प्रक्रिया तो इसके ठीक उलटी है। जब आप अपनी महानता को दिखाएंगे या सिद्ध करेंगे, तो रहस्यमय दिव्य नियम द्वारा आवश्यक चीजें स्वतः आपकी ओर खिंची चली आएंगी। इस संबंध में, अंग्रेजी में एक कहावत है, जिसका अर्थ है– ***'तुम काम शुरू करो, चीजें अपने आप तुम्हारे पास आ जाएंगी।'***

अतः सही दृष्टिकोण यह है कि यदि आप वास्तव में कोई महान कार्य करना चाहते हैं, तो उसकी योजना को उन साधनों, शक्ति और ज्ञान से शुरू कीजिए, जो आपके पास हैं। आप देखेंगे कि जैसे-जैसे आप अपने कार्य में आगे बढ़ेंगे, आपकी आवश्यकता के अनुसार अन्य वस्तुएं धीरे-धीरे स्वतः आपके पास आती जाएंगी। यह ठीक ही कहा गया है– ***''महानता सदैव अपने प्रयत्नों से प्राप्त की जाती है। यह किसी को उपहार में बहुत कम ही मिलती है।''***

यह भी एक दिव्य नियम है कि आप जितना अधिक शक्ति, नाम, प्रसिद्धि व प्रतिष्ठा की ओर भागेंगे, वे उतना ही आपसे दूर होती जाएंगी और आप उनकी ओर से जितना उदासीन रहेंगे उतना ही वे आपकी ओर खिंची चली आएंगी।

93. बाहरी परिस्थितियों में तनाव पैदा करने की शक्ति नहीं

कुछ लोगों की यह धारणा गलत है कि कोई बाहरी परिस्थिति या व्यक्ति उनके मानसिक तनाव के लिए जिम्मेवार है और जब तक ये परिस्थितियां अथवा व्यक्ति नहीं बदलते, वे खुश नहीं रह सकते। लेकिन मानसिक तनाव का यह कारण बताना ठीक नहीं है। प्रायः आपके चारों ओर की परिस्थितियों अथवा लोगों को बदलना संभव नहीं होता, लेकिन इसके यह अर्थ नहीं कि आप उनके कारण जीवनभर मानसिक तनाव में रहें। जैसा कि पहले बताया जा चुका है कि मानसिक तनाव बाहरी परिस्थितियों के कारण नहीं होता वरन् आपकी उनके प्रति प्रतिक्रिया के कारण होता है। आप अपनी भावनात्मक प्रतिक्रियाओं को इस सीमा तक नियंत्रित कर सकते हैं कि बाहरी दुनिया में कुछ भी घटित होता रहे पर आप पर उसका कोई भी प्रभाव न पड़े। यह आपके मस्तिष्क को बाहरी परिस्थितियों के आघातों से प्रभावहीन या स्वतंत्र बनाने जैसा है। इस स्थिति में आपका मन एक स्वामी की तरह और बाहरी परिस्थितियां उसके सेवक की तरह व्यवहार करती हैं, जिससे आप उनसे नियंत्रित होने के बजाय स्वयं उनका नियंत्रण करने लगते हैं।

बाहरी परिस्थितियां केवल आवश्यक सामग्री या ईंधन देती हैं, लेकिन वे स्वयं मानसिक तनाव नहीं उत्पन्न कर सकतीं। यह ईंधन जब मन की माचिस द्वारा जलाया जाता है तभी वे दबाव या तनाव की रचना करती हैं। बाहरी परिस्थितियां केवल सहायक कारण होती हैं, जबकि मन तनाव उत्पन्न करने का मुख्य कारण। ***मन की सहायता के बिना कोई भी दशा या परिस्थिति उस पर तनाव पैदा नहीं कर सकती*** तथापि इसका यह अर्थ नहीं कि हमें अपनी बाहरी परिस्थितियों अथवा वातावरण को बेहतर करने का प्रयत्न नहीं करना चाहिए। आप अपने बाहरी वातावरण को जिस सीमा तक अधिक अच्छा बना सकें, उतना प्रयत्न अवश्य करना चाहिए। एक विधायक या रचनात्मक वातावरण निश्चय ही मानसिक तनाव को दूर करने के लिए सहायक कारण सिद्ध होता है।

नोट : मानसिक तनाव और उसके उत्पन्न होने के कारणों को वैज्ञानिक रीति से जानकारी के लिए कृपया मेरी पुस्तक *'तनाव-मुक्त कैसे रहें'* पढ़ें।

94. अप्रिय घटनाओं को भयंकर मत बनाइए

हमारे जीवन में अनेक दुखद घटनाएं घटित हो सकती हैं, इनसे हमें घबड़ाना या परेशान नहीं होना चाहिए। जब तक हम उन्हें बढ़ा-चढ़ाकर नहीं समझते, वे हमें विचलित नहीं कर सकतीं। प्रायः किसी अप्रिय घटना के होने पर हम समझने लगते हैं कि यह जीवन और मृत्यु की स्थिति आ गई है या दुनिया खत्म होने वाली है अथवा धरती हिलने वाली है या ऐसी ही कोई अनर्थकारी उक्ति।

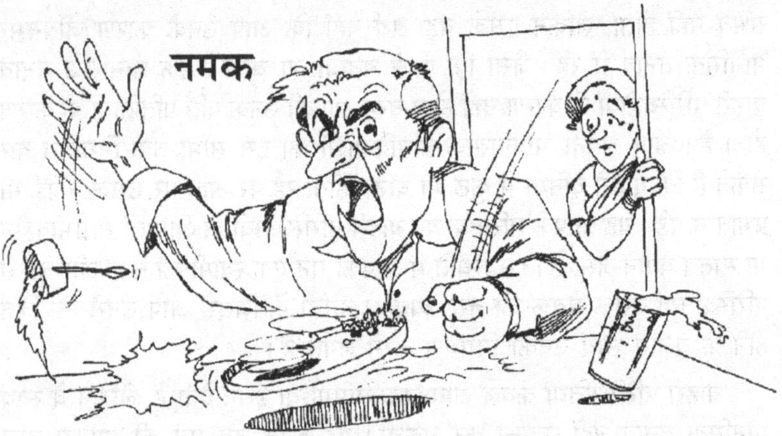

सब्जी में नमक क्यों नहीं है?

लेकिन क्या सचमुच ऐसा होता है? क्या जीवन की वास्तविकता में कोई चीज इतनी भयानक हो सकती है? ***हजारों ज्ञानी लोगों के अनुभवों से, जिन्होंने खुद जीवन के भयानक तूफानों का सामना किया था, यह पता चलता है कि इस जीवन में ऐसा कुछ नहीं है जिसे भयानक या असहनीय कहा जा सके। शांतिपूर्वक हर चीज को स्वीकार कर उसका सामना किया जा सकता है।*** किसी दुखद घटना पर जरूरी ध्यान देना और उसके हानिकारक प्रभावों से बचने के लिए उपाय करना बिल्कुल अलग बात है, लेकिन उसके कारण ***जरूरत से ज्यादा चिंता करने और परेशान होने से समस्या और बड़ी हो जाती है।***

जब हम चीजों को जरूरत से ज्यादा गंभीरता से लेने लगते और उन्हें अनावश्यक महत्व देने लगते हैं, केवल तभी वे हम पर हावी होना शुरू करती हैं। कोई बात या वस्तु जितने के योग्य है, बस उतना ही महत्व उसे दीजिए। यदि आप चीजों को कुछ दूर से देखना सीख सकें तो ***आप पाएंगे कि चीजें उतनी भयानक***

नहीं हैं, जितनी आपने उन्हें छोटे नजरिए से कल्पना करने पर पाया था। इसलिए अब भविष्य में जब कभी आप जीवन में किसी चीज से परेशान हों तो अपने आपसे वहां इतना पूछिए कि–"क्या वास्तव में यह चीज इतनी महत्वपूर्ण या संकटभरी है जितना मैं समझ रहा हूं? क्या यह मेरे लिए सबसे महत्वपूर्ण चीज है?"

इन प्रश्नों और चुनौतियों को उठाने मात्र से आप देखेंगे कि मन बेकार के मानसिक दुख से हलका हो गया है।

जैसा कि पहले बताया जा चुका है कि चीजों को भावनात्मक रूप से गंभीरता के साथ लेने से हमारे अवचेतन मन पर शक्तिशाली प्रभाव पड़ जाते हैं। ये प्रभाव भविष्य में वैसी ही स्थिति के सम्मुख हार मान जाने की कमजोरी हममें उत्पन्न करते हैं, इसलिए आपको जीवन में हर स्थिति का सामना बिना अधिक भावनात्मक लगाव के अर्थात् अनासक्त भाव से करना चाहिए ताकि अवचेतन मन में कोई संस्कार न बने।

95. चीजों को छोड़ना सीखिए

कुछ लोग सोचते हैं कि उनके विकास और खुशी का मार्ग चीजों को अधिक-से-अधिक एकत्रित करने, जीवन में जितने अधिक-से-अधिक लोगों से संबंध बनाना संभव हो उतने संबंध बनाने, अधिक-से-अधिक नौकरियों को बदलने और जितना संभव को सके उतने अधिकतम स्थानों की यात्रा करने आदि में है।

लेकिन दुर्भाग्यवश यही लोग जीवन के अंतिम प्रहर में जब अपने बीते हुए जीवन के बारे में विचार करते हैं तो उन्हें आश्चर्य होता है कि इतना सब उन्होंने किसलिए किया? उन्होंने इतनी भाग-दौड़ क्यों की?

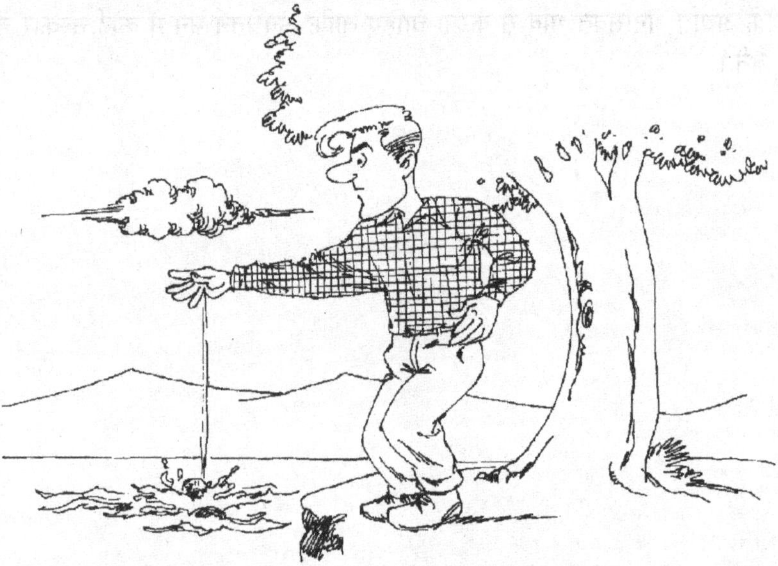

वास्तव में, सच्चाई यह है कि खुशी चीजों को एकत्रित करने में नहीं वरन् उन्हें त्यागने और उनका मोह छोड़ने में है। जितना आप मोह त्याग करेंगे, उतना ही आप चिंतारहित होंगे और चैन पाएंगे। लेकिन मोह त्यागने का यह अर्थ नहीं कि आपके पास जो कुछ है वह सब आप फेंक दें। आप हर चीज रखते हुए भी मन में उसके मोह से अलग रह सकते हैं। इसे ही सच्चाई में त्याग करना कहते हैं। यह दृष्टिकोण केवल भौतिक वस्तुओं पर ही नहीं वरन् आपके मन में जो बहुत सी भावनाएं जड़ बनाए हुए हैं उन पर भी लागू होता है। उदाहरण के लिए मान लीजिए कि आपके मन में कुछ वस्तुओं के लिए आकुलता है, कुछ लोगों के प्रति द्वेष और घृणा है, इन

भावनाओं को पत्थर की तरह पानी में छोड़ दीजिए और अपने को उनसे मुक्त कर लीजिए।

किसी चीज को पकड़ कर रखने में एक तनाव भरा कष्ट होता है, जबकि उसी चीज को छोड़ देने से आराम और चैन का अनुभव होता है। ***आप जब अपने को किसी विशेष चीज से जोड़ लेते हैं या आसक्त हो जाते हैं तो आपके विचारों और कार्यों की स्वतंत्रता खत्म हो जाती है*** और संभावना यही रहती है कि आप संसार में उन्हीं मोहों या आसक्तियों के अनुसार विचार और कार्य करेंगे। इससे आप सच्चाई को उस रूप में नहीं देख पाते जैसी कि वह है और सच्चाई का यह अज्ञान कष्ट और असंगति पैदा करता है।

96. क्या आप अपने को अकेला और ऊबा हुआ महसूस करते हैं?

आध्यात्मिक शब्दावली में अकेला व्यक्ति वह है जिसे आत्मज्ञान नहीं है और जो स्वयं का सामना नहीं कर सकता। और केवल ऐसा ही व्यक्ति दूसरी वस्तुओं और व्यक्तियों के पीछे भागता है ताकि वह अपने मन को व्यस्त रख सके। जब उसके पास अपने मन को व्यस्त रखने के लिए कोई व्यक्ति या वस्तु नहीं होती तो वह ऊबने लगता है। ***वह यह अनुभव नहीं करता कि अपने ध्यान को अपने अंदर केंद्रित करके बिना किसी वस्तु के भी खुशी पाई जा सकती है।*** ऐसा व्यक्ति अपने उस आंतरिक आनंद और शांति को पाने में असफल रहता है जो प्रत्येक की आत्मा में उपस्थित है।

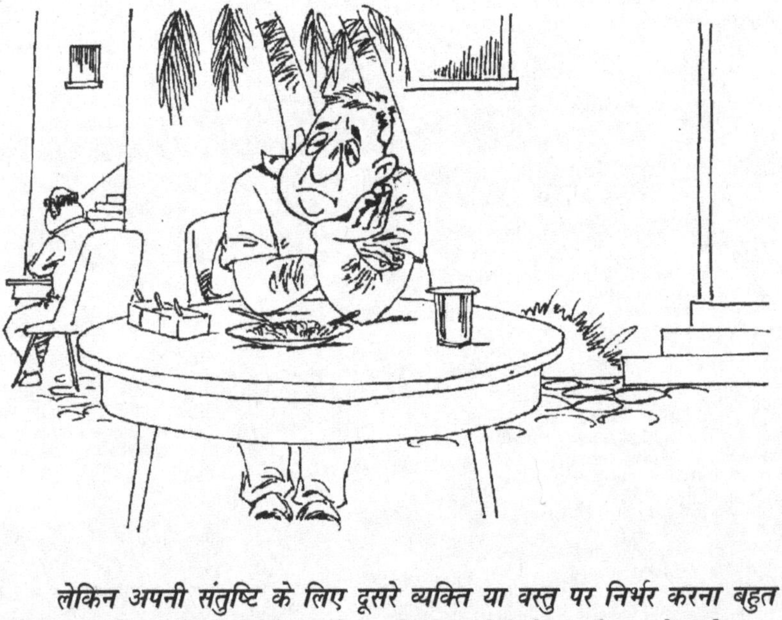

लेकिन अपनी संतुष्टि के लिए दूसरे व्यक्ति या वस्तु पर निर्भर करना बहुत ही भ्रमपूर्ण है, क्योंकि इस संसार में आपके साथ कोई भी स्थायी रूप से रहने वाला नहीं है। एक दिन हर चीज आपको छोड़ कर चली जाएगी और तब चाहे मनमर्जी से या जबर्दस्ती आपको अपने साथ ही रहना पड़ेगा। अपने दिन-प्रतिदिन के सामान्य व्यस्त जीवन में भी ऐसे क्षण आते हैं जब हम अकेले और बस अपने साथ होते हैं।

यदि आप अकेले नहीं रह सकते तो इसके अर्थ हैं कि आपके मन में शांति नहीं है। आपके मन में अनेकों संघर्ष और द्वंद्व हैं जो आपके अकेला होते ही आपको परेशान करने लगते हैं। अतः आप उनसे बचने के लिए बाहरी व्यक्तियों या वस्तुओं के रूप में कोई सहारा खोजते हैं, जिससे आपका मन आंतरिक संघर्षों से जूझने के बजाय उनमें व्यस्त रहे। लेकिन यह तो वास्तविक समस्या का सामना करने के बजाय उससे भागना है। ये कामचलाऊ प्रबंध आपको वह शांति और संतोष नहीं दे सकते जिसे पाने के लिए आप अपने हृदय की गहराइयों में बेचैन हैं। ये बाहरी सहारे तो भूलभुलैयों की तरह हैं।

जिस शांति को पाने के लिए आप बेचैन हैं वह तभी मिल सकती है जब आप अपने साथ मित्रता कर लें और देर-सबेर आपको ऐसा करना ही पड़ेगा। अपने आपसे भागना शांति पाने की राह नहीं है। इससे केवल शांति पाने में देरी लगती है। कटु सत्य यह है कि आपको अपने को पसंद करना सीखना होगा, अपने साथ रहना सीखना होगा। यदि आपके व्यक्तित्व में कोई अशांतिपूर्ण कारक या अंश हैं तो उनसे भागने की बजाय उन्हें हल करने का प्रयत्न करिए। याद रखिए कि अंत में अपने आपको छोड़ कर संसार की कोई वस्तु आपके साथ नहीं रहेगी। इस दिशा में उन्नति करते हुए आपको अपने मन का इस रीति से विकास करना है कि भीड़ में रहते हुए भी अपने को अकेला अनुभव कर सकें और अकेले रहते हुए भी अपने को लोगों के बीच में समझ सकें।

हम सभी ने भीड़ में रहने की आदत बना ली है। हमें अकेला रहने में डर लगता है, यद्यपि सच्चाई यह है कि हमारा अकेलापन ही हमारा सत्य है। हम संसार में अकेले आए हैं, हम अकेले हैं और अकेले ही विदा होंगे। क्या यह सत्य नहीं है कि सैकड़ों और हजारों लोगों से घिरा होने पर भी व्यक्ति सदैव अकेला होता है। अपने अकेलेपन को पहचानिए, उसे जानिए और अनुभव करिए। प्रतिदिन कुछ समय के लिए ऐसे रहिए जैसे कि आप संसार में अकेले हैं। उस समय आप न किसी के पति हैं, न पत्नी हैं, न पिता हैं, न पुत्र हैं, न छात्र हैं और न अध्यापक। इतना ही नहीं, उस समय आप न स्त्री हैं, न पुरुष हैं।

97. किसी की असहमति या अस्वीकृति से परेशान न हों

कुछ लोग अपनी, अपने कार्यों या विचारों की दूसरों के द्वारा की जाने वाली असहमति या अस्वीकृति से बहुत असंतुलित हो जाते हैं। वे यह अनुभव करना शुरू कर देते हैं कि वे दूसरों की तुलना में हीन और अयोग्य हैं। इसके फलस्वरूप उनमें निराशा और अवसाद (डिप्रेशन) बढ़ने लगता है।

यदि आप ऐसा करते हैं तो एक बहुत गलत धारणा बना रहे हैं कि आपको अस्वीकार करने वाला व्यक्ति सदा सही है और आप सदैव गलत कारण, ऐसा सदैव सच नहीं होता क्योंकि ***आपको अस्वीकार करने वाला व्यक्ति तकनीकी रूप से आपका मूल्यांकन करने के अयोग्य हो सकता है अथवा वह आपके विरुद्ध द्वेष और विपक्षी मनोभाव रखने वाला हो सकता है। इसलिए उसे आप सही कैसे मान सकते हैं।***

आपको अपने बारे में की गई दूसरों की टिप्पणियों को केवल उनके विचारों के रूप में लेना चाहिए। आपको दूसरों के प्रत्येक भिन्न विचार या मत पर अपना मानसिक संतुलन बिगाड़ने की आवश्यकता नहीं, बल्कि असलियत तो यह है कि जब कोई व्यक्ति आपके या आपके कार्यों के संबंध में अपना मत प्रकट करता है तो उससे आपके बजाय कहीं ज्यादा उसकी मानसिक रुचि और स्तर का पता चलता है।

ऐसे अवसरों पर आपको दूसरे के विचारों या निर्णयों से प्रभावित होने की बजाय कुछ रुककर स्वयं अपना मूल्यांकन करना चाहिए। यदि आप अपने व्यक्तित्व को वास्तव में और अधिक विकसित करने की आवश्यकता अनुभव करते हैं तो वैसा करिए। इसके विपरीत दूसरे के विचारों में कोई सार्थकता नहीं पाने पर उसकी उपेक्षा कर दीजिए बजाय इसके कि आप उसके बारे में निरंतर विचार करके उसे और अधिक महत्व दें।

98. व्यवहार और बातचीत में आत्म केंद्रित होने से बचिए

कुछ लोग ऐसे होते हैं जिनकी पूरी बातचीत 'मैं', 'मुझे', 'मेरा' से भरी रहती है, जैसे कि–'मैं ही यह कर सकता हूं', 'मैंने यह काम किया है', 'मुझे यह पसंद है', आदि-आदि। उनके वार्तालाप से ऐसा लगता है मानो सारी दुनिया में सिर्फ वे ही हैं और उनके सिवाय संसार में कुछ नहीं है।

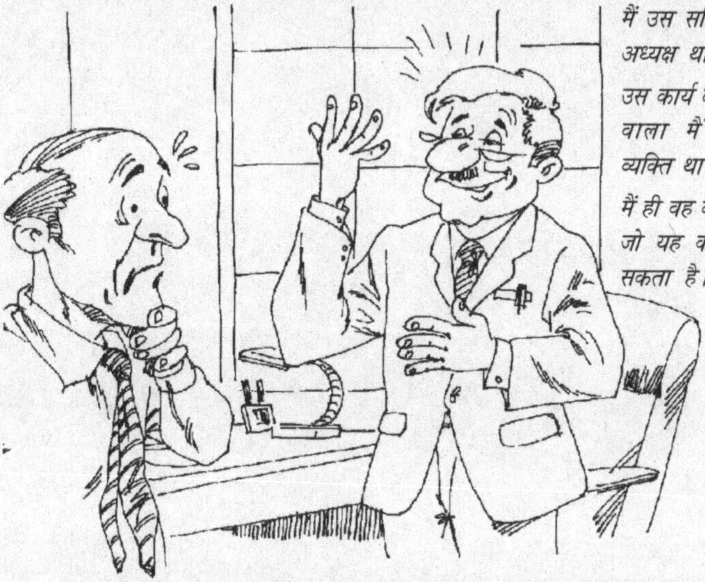

सच यह है कि केवल अपने बारे में विचार करना या बातें करते रहना एक बहुत संकीर्ण और निम्नस्तर की चेतना का प्रतीक है, जिसके द्वारा हम अपने आपको बहुत छोटा बना लेते हैं। इस प्रकार से हम इस विश्व के एक अंग नहीं रहते और परमात्मा की महान लीला में एक हिस्से की तरह भाग लेने से वंचित रह जाते हैं। हम अपने को अलग महसूस करते हैं और इसीलिए कष्ट पाते हैं, साथ ही दूसरों के साथ असामंजस्यता महसूस करते हैं।

अपने आपको इस विश्व का एक अंग समझिए और परमात्मा की उस महान 'लीला' के हिस्से बनिए जो इस जगत में प्रकट हो रही है। ***आप दूसरे लोगों से भिन्न नहीं हैं। हम सभी के समान लक्ष्य और आवश्यकताएं हैं।*** **हम सभी का परमात्मा से एक जैसा संबंध है।**

विश्वव्यापी दृष्टिकोण से विचार करना और सामान्य हित के लिए कार्य करना एक उच्च स्तर की चेतना का चिह्न है और वास्तव में इसके द्वारा ही इस धरती पर हमारा मिशन पूरा होता है। इसके विपरीत हर काम को केवल अपने लाभ के लिए करना निम्नस्तर का स्वार्थीपन है और हमारे मनुष्य कहलाने के योग्य नहीं। यह इस संसार में हमारे उद्देश्य के विपरीत है। जब कभी आपमें अपनी बड़ाई हांकने की लालसा जागे अथवा केवल अपनी समस्याओं और रुचियों के बारे में बातें करने का मन हो तो इच्छा-शक्ति का उपयोग कर अपने आपको रोकिए। ध्यान रहे, जब असल में चेतना का विस्तार हो जाता है तो केवल अपने लिए कार्य करने और जीवित रहने का विचार बिल्कुल अर्थहीन लगने लगता है।

99. बुरा व्यवहार करने वाले से लड़िए मत

इस जीवन में बहुत से ऐसे अवसर आते हैं जब दूसरे लोग बिना किसी कारण के, केवल अपनी नीच प्रवृत्ति और गलत आदतों के कारण आपको अवांछित ताने मार कर और गलत व्यवहार कर लड़ना शुरू कर देते हैं। इस स्थिति में एक निर्दोष व्यक्ति की स्वाभाविक प्रक्रिया लड़ाई का सामना लड़ाई से करने और यह बताने की होती है कि गलती पहले वाले की है, जिसने अकारण झगड़ा शुरू किया। लेकिन पहला व्यक्ति अपनी अमानवीय और नीच प्रकृति के कारण ऐसे उत्तरों को सुनकर और अधिक अक्खड़ और आक्रामक हो उठता है। अतः झगड़ा बजाय शांत पड़ने के और अधिक बिगड़ जाता है।

तो ऐसी स्थिति का सामना करने के लिए कौन-सा तरीका सही है? ऐसी स्थिति में आपको यह अवश्य अनुभव करना चाहिए कि आप से गलत व्यवहार करने वाला व्यक्ति वैसा इसलिए कर रहा है, क्योंकि वह अपनी खराब आदतों और प्रकृति का गुलाम है। उसके निम्न स्तर की मानसिक स्थिति तथा बुरे स्वभाव के लिए आप क्यों अपने को असंतुलित करें। अपने बुरे स्वभाव और प्रकृति के लिए उसको तनावग्रस्त रहना चाहिए, स्वयं को नहीं। आप उसकी मानसिक दशा के लिए जिम्मेवार नहीं।

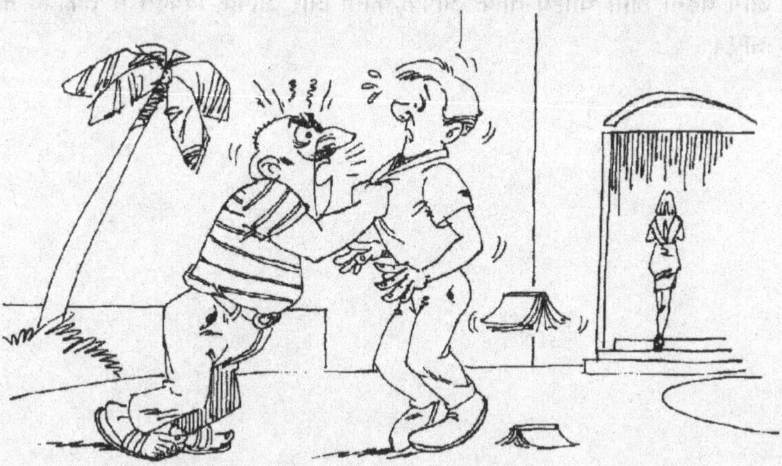

ऐसे आदमी से लड़ाई-झगड़ा शुरू कर आप भी अपने स्तर को गिराकर उसके स्तर पर ले आते हैं, जो अनुचित है। आपको अपनी उच्च मानसिक स्थिति और

आदर्श को बनाए रखना चाहिए। इस प्रकार की स्थिति में सर्वोत्तम उपाय होता है ऐसे आदमी की उपेक्षा कर देना। उसके बारे में अधिक सोच करके और उससे गलत तथा सही के बारे में बहस करके आप अनावश्यक रूप से उसे वह महत्व और बल दे रहे हैं जिसके योग्य वह नहीं है। यदि उस व्यक्ति में आपके तर्क को समझने की आवश्यक बुद्धि होती तो उसने अकारण लड़ाई शुरू ही नहीं की होती। यह किसी भैंस के आगे बीन बजाने की तरह है। क्या इससे कोई लाभ होगा? कुछ भी नहीं। इसलिए ऐसी स्थितियों में सर्वोत्तम उपाय यह है कि विरोधी व्यक्ति की उपेक्षा की जाए, उसे भुला दिया जाए और उसे जरा-सी भी लड़ाई आगे बढ़ाने के लिए शक्ति नहीं दी जाए। वास्तव में, किसी व्यक्ति से विचार-विमर्श या तर्क करने से पूर्व आपको इस बारे में अवश्य सोच लेना चाहिए कि क्या इस व्यक्ति के साथ इतनी शक्ति खर्च करना वास्तव में किसी उपयोग या काम का है अथवा आप केवल अपना झूठा अहम् संतुष्ट कर रहे हैं। क्या यह व्यक्ति या इसकी गतिविधियां वास्तव में इतनी महत्वपूर्ण हैं? ऐसे लड़ाई-झगड़े की व्यर्थता को समझ कर अपनी उच्च चेतना द्वारा मन को संतुष्ट करिए। आप यह भी स्पष्ट रूप से जानते हैं कि दिव्य न्याय के अनुसार किसी भी व्यक्ति द्वारा किए गए बुरे कार्यों का उसे अवश्य परिणाम भुगतना पड़ेगा। इस संबंध में किसी को बक्शा नहीं जाता, इसलिए आपके लिए यह आवश्यक नहीं कि प्रत्येक व्यक्ति से उसके बुरे कार्यों का बदला लेने में अपने जीवन का अमूल्य समय नष्ट करें। आपका दृष्टिकोण सभी तरह के लोगों में से गुजरकर आगे बढ़ना होना चाहिए ताकि आपके कार्यों और आपके विकास में रुकावट न आए।

100. आदर्शवाद के तनाव से बचिए

संसार में ऐसे अनेक लोग हैं जो सदा तनाव से ग्रस्त रहते हैं, क्योंकि वे हर चीज में पूर्णता पाने की आशा करते हैं लेकिन वे उसे प्राप्त नहीं कर पाते।

इस संबंध में कृपया यह समझ लीजिए कि पूर्णता केवल परमात्मा को प्राप्त है। ***हम मानव मूल रूप में अपनी परिभाषा से ही अपूर्ण हैं। इससे कोई अंतर नहीं पड़ता कि हम किस स्तर पर पहुंच जाएं, हम गलतियां करने से बच नहीं सकते।*** हम निरंतर अपना ज्ञान बढ़ाकर और अभ्यास करके अपनी अपूर्णता को कम कर सकते हैं, परंतु हम पूर्ण निष्कलंक कभी नहीं हो सकते। (एक मनुष्य पूर्णता तभी प्राप्त करता है जब वह चेतना के उस सर्वोच्च स्तर पर पहुंच जाता है जिसे आत्म या परमात्म साक्षात्कार, मोक्ष, निर्वाण अथवा मुक्ति कहते हैं। उस स्तर पर वह एक साधारण मनुष्य नहीं रहता बल्कि परमात्मा का एक सहभागी बन जाता है। उसे इस संसार में आकर फिर नए पाठ सीखने या और अधिक पूर्णता पाने की आवश्यकता नहीं रहती। वह जन्म-मरण के चक्र से मुक्त हो जाता है।)

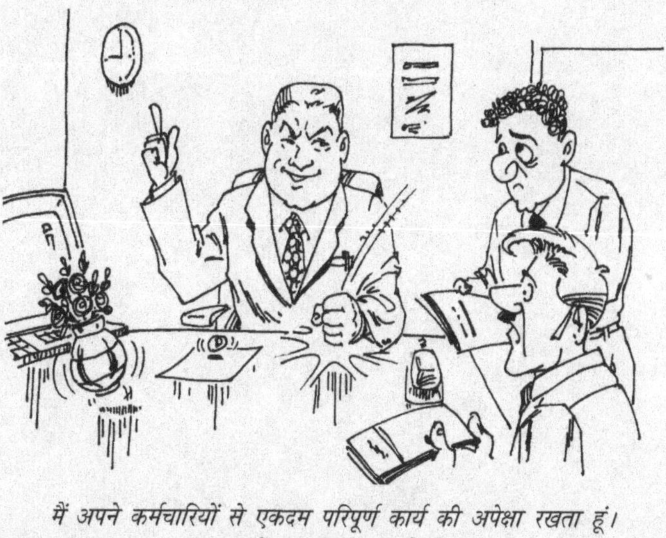

मैं अपने कर्मचारियों से एकदम परिपूर्ण कार्य की अपेक्षा रखता हूं।
पर ऐसा नहीं हो रहा है।...

कुछ लोग हैं जो एक समस्या का एक पूर्ण व आदर्श हल पाने का आग्रह करते हैं, जबकि आवश्यकता इस बात की है कि किसी समस्या का एक पूर्ण व आदर्श हल पाने पर बल देने की बजाय व्यक्ति को एक अच्छा हल पाने का प्रयत्न करना

चाहिए जो कि आपकी वर्तमान स्थिति में संतोषजनक हो। *हर स्थिति में पूर्णता या आदर्श को पाने की आशा करने से हम निरंतर तनाव की ओर बढ़ते जाते हैं। आप कुछ भी प्रयत्न करें, गलतियां करना हम मनुष्यों की विवशता है। तथापि हमारा उद्देश्य इन गलतियों से शिक्षा लेना और अपनी अपूर्णता को जितना संभव हो सके कम करते जाना होना चाहिए।*

मनुष्यों के लिए गलतियां करना बिल्कुल स्वाभाविक है। इसमें कुछ भी अजीब नहीं, कोई अपराध नहीं। गलतियां करने के बाद अपने आपको छिपाने या शर्मिंदा महसूस करने की जरूरत नहीं। महत्वपूर्ण बात यह है कि गलतियों से आवश्यक शिक्षा ली जाए और अपने को लगातार 'ए' स्थिति से 'बी', 'बी' से 'सी' और 'सी' से 'डी' स्थिति की ओर तथा इसी क्रम में आगे भी उन्नति की जाए। अपनी जीवन यात्रा में किसी एक बिंदु पर अटके मत रहिए। आपको प्रत्येक क्षण और जीवन के प्रत्येक क्षेत्र में सुधार करना होगा, और अधिक सुधार करते जाना होगा। *यदि हम अपनी गलतियों से कुछ सीखते नहीं तो हम उस गलती द्वारा मिलने वाली शिक्षा के लाभ को खो देते हैं।*

101. परिस्थितियों के साथ सामंजस्य और समझौता करना सीखिए

प्रत्येक व्यक्ति चाहता है कि जीवन में चीजें वैसे ही घटित होनी चाहिए जैसी कि वह इच्छा करता है और संसार को उसके प्रति दयालु तथा अच्छा होना चाहिए; लोगों को उसके प्रति विनम्र और आदरपूर्ण होना चाहिए और केवल उसके ही विचारों तथा दृष्टिकोणों को स्वीकार एवं कार्यान्वित किया जाना चाहिए।

दुर्भाग्यवश ऐसा नहीं है और ऐसा कभी हो भी नहीं सकता। यह दुनिया बड़ी पेचीदी है और इसे केवल आपकी और मेरी सनकों व जरूरतों के अनुसार नहीं बनाया गया है। यह समूचा विश्व ईश्वरीय नियमों और निश्चित योजना के अनुरूप चल रहा है, आपकी और मेरी इच्छा अथवा जरूरतों के मुताबिक नहीं।

संसार में हमारे नियंत्रण से बाहर ऐसी कुछ शक्तियां हैं, जो हमारे ऊपर कार्य कर रही हैं। इसके फलस्वरूप हमारी कुछ सीमाएं बन गई हैं। हमें इन सीमाओं को स्वीकार करना तथा उनका आदर करना चाहिए। हम जिन चीजों को नियंत्रित और परिवर्तित नहीं कर सकते, हमें उनके अनुसार अपने को ढालना और उनसे समझौता करना सीखना चाहिए। कुछ लोगों की यह गलत धारणा होती है कि अपने को परिस्थितियों के अनुसार ढालना या समझौता करना कमजोरी की निशानी है, उनके अनुसार यह दूसरों के सामने समर्पण करना या उनकी गुलामी करना है। लेकिन वास्तव में ऐसा नहीं है। आपको एक व्यक्ति के विरुद्ध लड़ने में उतनी इच्छा-शक्ति का उपयोग करने की जरूरत नहीं पड़ती जितना कि उसके अनुरूप अपने को ढालने में पड़ती है। ***दूसरे व्यक्ति से लड़ने में कोई इच्छा-शक्ति की आवश्यकता नहीं पड़ती, कोई भी यह कर सकता है।***

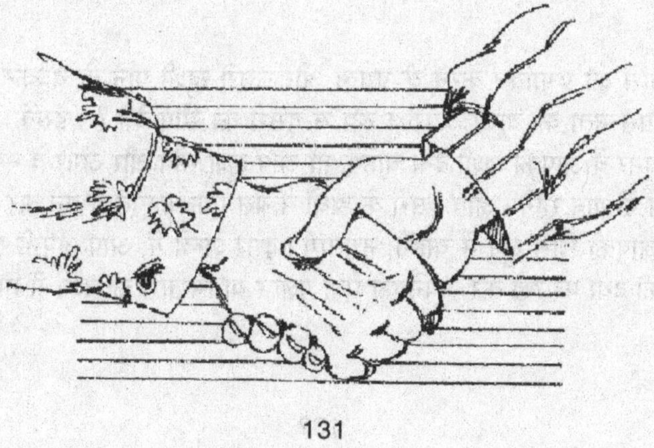

102. दूसरों को प्रभावित करने के चक्कर में मत रहिए

आधुनिक समाज में व्यक्ति के मानसिक तनाव के सबसे बड़े कारणों में से एक यह है कि वह दूसरों की नजरों में ऊंचा बना रहना चाहता है, चाहे वह वैसा हो या न हो। हम दूसरों की अस्वीकृति सहन नहीं कर पाते। आज के आदमी ने अपने लिए जिन संकटों की रचना की है उनमें सबसे बड़ा है दूसरों की आलोचना का भय। हम दूसरों की दृष्टि में एक खास तरह की छवि को बनाए रखने के लिए अपने ऊपर जो भारी दबाव डाले हुए हैं उसे पहचानने में असफल रहते हैं।

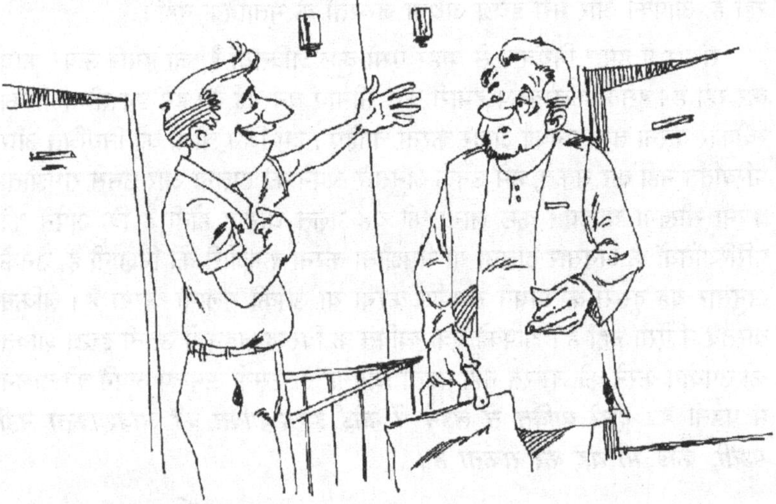

दूसरों को प्रभावित करने के प्रयत्न और उससे खुशी पाने के चक्कर में आप अपनी प्रसन्नता की कुंजी अपरोक्ष रूप से दूसरों को सौंप देते हैं। इसके अर्थ यह हैं कि अगर वे आपको खुशी देना चाहेंगे, तो आप खुश रहेंगे और अगर वे नहीं चाहेंगे तो आप परेशान रहेंगे। आप दूसरों के हाथों में बस एक कठपुतली बन कर रह जाते हैं। वे आपको जिस धुन में चाहेंगे, नचाएंगे। दूसरे शब्दों में, आप अपनी खुशी को दूसरों की दया पर रख कर अपने को एक गुलाम या भिखारी की दशा में गिरा लेंगे।

आपकी खुशी, आपका सुख-संतोष आपके हाथ में रहना चाहिए और किसी दूसरे के हाथों में नहीं। आपको कोई भी कार्य मुख्य रूप से आत्मसंतोष पाने के दृष्टिकोण से करना चाहिए। ***आपकी खुशी को उस समय का इंतजार नहीं करना है कि जब कोई आएगा और आपके कार्य की सराहना करेगा।***

अपने बारे में दूसरों के दृष्टिकोण को अधिक महत्व न दीजिए, चाहे वे आपकी सामर्थ्य और योग्यता को जानते हैं या उसे वास्तविकता से अधिक या कम समझते हैं। इस संसार में असंख्यों लोग ऐसे हैं जो आपके बारे में बिल्कुल नहीं जानते। क्या इससे आपको कोई अंतर पड़ रहा है? ***आप स्वयं अपनी नजरों में क्या हैं, यह कहीं अधिक महत्वपूर्ण है। दूसरे लोगों की आलोचना या टिप्पणियों को केवल अपना फिर से आत्मनिरीक्षण करने का एक अवसर भर समझें और यदि आवश्यकता हो तो सुधार करने के उपाय करें।*** यदि आप अपने को कुछ क्षेत्रों में कमजोर पाते भी हैं तो इससे अधिक अंतर नहीं पड़ता। विभिन्नताओं से भरे इस संसार में लोगों की योग्यताओं में भी भिन्नताएं होंगी। इसमें कुछ भी अस्वाभाविक नहीं। कुछ क्षेत्रों में आप अधिक अच्छे हो सकते हैं और कुछ में दूसरे लोग। यह इच्छा करना कि आप हर क्षेत्र में पूरी दुनिया में सर्वश्रेष्ठ हों और केवल आपकी ही प्रशंसा की जाए, बहुत ही भ्रमपूर्ण है।

103. अपने विचारों को शीघ्रता से बदलना सीखिए

अभी आपका जो 'मूड' या मनोदशा है, वह आपके इन विचारों पर आधारित है जो इस समय आपके मन में चल रहे हैं। यदि आप इन विचारों को बदल दें और किसी दूसरी वस्तु पर विचार करना शुरू कर दें तो निश्चय ही आपकी मनोदशा बदल जाएगी।

अब आपको एक सरल नियम प्राप्त हो गया है। जब कभी आप अपने को अशांत अनुभव करें, बस अपने विचारों और मन को किसी दूसरे विषय पर लगा दें। वह अशांति तत्काल दूर हो जाएगी। उदाहरण के लिए, मान लीजिए कि आपका पुत्र, जो होस्टल में रहता है बीमार पड़ गया है और आप उसके स्वास्थ्य के लिए चिंतित हो रहे हैं, ऐसी स्थिति में आप उन जरूरी कार्यों के बारे में विचार करना प्रारंभ कर दीजिए जो आपको कल कार्यालय में पूरे करने हैं या कल कार्यालय में किन-किन लोगों से मिलना है और कौन-कौन सी मीटिंगें करनी हैं। शीघ्र ही आपके मन से चिंताओं के विचार दूर हो जाएंगे, क्योंकि मन एक समय में कई विषयों पर विचार नहीं कर सकता। किसी चीज या बात से उस समय तक अशांत होना असंभव है जब तक आप उसके बारे में विचार करना प्रारंभ न करें।

आप अपने मन को किसी भी दिशा में मोड़ सकते हैं, विशेषरूप से मनोरंजक और आनंददायक वस्तुओं की ओर। उदाहरण के लिए, आप मधुर गीत और अच्छा संगीत सुनना प्रारंभ कर सकते हैं, आप मन को ऊंचा उठाने वाली एक आध्यात्मिक पुस्तक लेकर उसके अध्ययन में डूब सकते हैं। आप टी.वी. पर कोई अच्छा सीरियल देख सकते हैं, और कुछ नहीं तो आप खुली हवा में जाकर पास के बाग, जंगल या झील के किनारे घूम सकते हैं अथवा आसपास के किसी दोस्त के साथ बाचतीत करने का मजा ले सकते हैं।

104. दुखों और दुर्भाग्य में भी उन्नति करना जारी रखिए

कुछ लोग दुर्भाग्य या दुख पड़ने पर अपने को मूढ़ और सुस्त बना लेते हैं। वे असहाय और अवसाद की अवस्था में घूमते रहते हैं। वे उस समय तक इस दुखद अवस्था में जीते रहते हैं जब तक घटना का प्रभाव समाप्त नहीं हो जाता। इस तरह उनके जीवन का काफी उपयोगी समय बेकार में नष्ट हो जाता है।

यहां आपको फिर इस सत्य को स्वीकार कर लेना चाहिए कि दुखद घटनाएं और दुर्भाग्य हर व्यक्ति के जीवन में आते रहते हैं। ***चाहे, आप उन्हें पसंद करें या न करें पर परमात्मा और भाग्य द्वारा निर्धारित आपके जीवन विधान के अनुसार वे आते रहेंगे।*** इसमें कोई आश्चर्यजनक व अचंभे वाली बात नहीं है।

इसलिए उनसे डरने व लड़ने की बजाय हमें उन्हें स्वीकार करना, उनका सामना और आदर करना सीखना चाहिए। अनेक लोग दुखद घटनाओं को स्वीकार नहीं कर पाते और इसलिए वे शारीरिक और मानसिक रूप से बीमार बने रहते हैं।

जितनी जल्दी आप आने वाले संकट को स्वीकार करना और उसके अनुकूल बनना सीख लेंगे, उतनी ही जल्दी आप मानसिक शांति प्राप्त कर लेंगे। आपको आने वाले संकट के अनुसार अपने को शीघ्र-से-शीघ्र ढाल लेने की महत्वपूर्ण कला और ज्ञान को सीखना चाहिए और पुनः उसी गति से जीवन में आगे बढ़ते रहना चाहिए। ***इस संसार का एकमात्र सत्य 'परिवर्तन' है। आप उसे कैसे रोक सकते हैं? जीवन एक नदी की तरह है। उसे लगातार बहना है। वह किसी बिंदु पर रोकी नहीं जा सकती।*** इस नियम को याद रखिए, इसकी सत्यता को स्वीकार करिए, इसके अनुकूल बनिए और फिर से पूरे उत्साह के साथ अपने जीवन-पथ पर आगे बढ़ना शुरू कर दीजिए।

105. अपने जीवनसाथी से असामान्य आशाएं न रखिए

आपका जीवन साथी या संगिनी भी दूसरे इनसानों की तरह एक इनसान है और उसमें भी एक साधारण मानव में पाई जाने वाली कमजोरियां और अच्छाइयां हैं। उसको एक विशेष या आदर्श स्त्री/पुरुष समझ कर दोषों से पूरी तरह मुक्त व्यवहार की आशा मत करिए। वैसा करना सपनों की दुनिया में रहने जैसा होगा। किसी भी इनसान की तरह वह भी कुछ मूर्खतापूर्ण काम कर सकता/सकती है और उसमें भी कुछ हास्यास्पद आदतें हो सकती हैं। वास्तव में इन बातों के लिए आपको पहले से तैयार रहना चाहिए। उसमें जो कुछ अच्छी योग्यताएं और गुण हैं, उनका सर्वोत्तम लाभ प्राप्त कर लेने में ही आपकी योग्यता है। साथ ही आपको उसके अनुकूल बनना, उसे सहन करना और उससे समझौता करना सीखना चाहिए; उसके चरित्र में जो दुर्गुण हैं या उसकी जिन बातों से आपको चिढ़ होती है, उसके लिए बहुत ज्यादा बेचैन नहीं होना चाहिए। हर व्यक्ति में कुछ खास, अच्छी और बुरी विशेषताएं होती हैं जो उसे अन्य लोगों से भिन्न बनाती हैं।

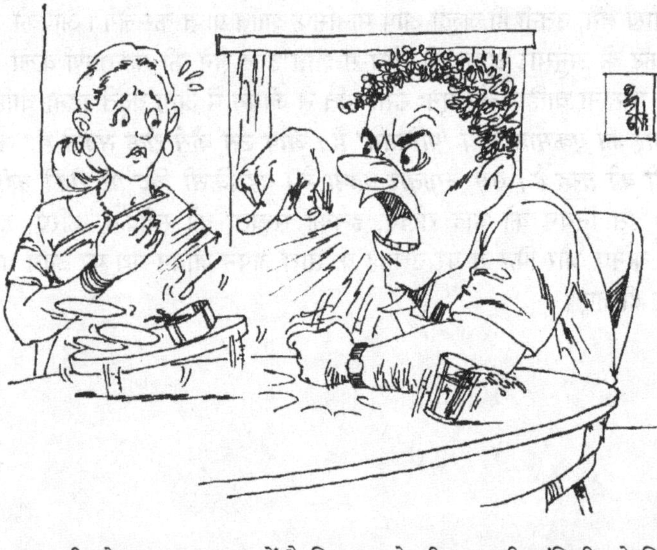

आपकी योग्यता इस बात में है कि आपके जीवनसाथी/संगिनी को जिन बातों या परिस्थितियों से चिढ़ या परेशानी पैदा होती है उन्हें न तो पैदा होने दें और न ही उनको बनाने में सहयोग दें।

यदि आप अपने जीवनसंगी/संगिनी की कोई खराब आदत अथवा व्यवहार बदलना चाहते हैं तो वह कभी उसे उपदेश देने, डांटने या आलोचना करने से संभव नहीं हो सकता। ऐसा अपने साथी/साथिन को बदलने की कोशिश करने से नहीं होगा वरन् स्वयं आपको बदलना होगा। ***याद रखिए! जब तक कोई व्यक्ति खुद नहीं बदलना चाहता, उसे कोई नहीं बदल सकता। आप दूसरे से उसके व्यवहार में परिवर्तन करने की आशा तभी कर सकते हैं जब स्वयं आप अपने अच्छे व्यवहार से उसके सामने एक उदाहरण रखें; लड़ने, बहस करने या आलोचना करने के तरीके से आप दूसरे को कभी बदल नहीं सकते।*** अनुभव यह बताता है कि इन तरीकों को अपनाने से पुरानी आदतें और नकारात्मक लक्षण और अधिक जोर से प्रतिक्रिया करते हैं।

इसके साथ ही आपको अपने जीवन साथी या साथिन से बहुत ऊंची आशाएं या मांगें नहीं रखनी चाहिए। आप दोनों में से कोई एक-दूसरे का गुलाम या नौकर नहीं हैं। दोनों से आशा की जाती है कि वे एक-दूसरे के विकास में सहायता देंगे। संबंधों को स्थायी और खुशी भरा बनाने के लिए दोनों की जिम्मेदारी बराबर है। उन्हें एक-दूसरे की कमियों और कमजोरियों को अपनी खूबियों से ढकना है, न कि उन्हें उजागर करके। इस महत्वपूर्ण रिश्ते के यही आदर्श हैं।

लेकिन यह तभी संभव है जब दोनों में एक-दूसरे के प्रति आदर, सहयोग, सहनशीलता, समझौता करने तथा परस्पर अनुकूल बनने की भावना हो। यदि एक जीवन साथी/साथिन समझदारी दिखाने और समझौता करने को तैयार न हो तब भी दूसरे साथी/साथिन को चाहिए कि वह निराशा और अवसाद का चिह्न प्रकट किए बिना अपने उचित कर्तव्यों को निरंतर करता रहे। इसे अपने भाग्य का एक अंश स्वीकार कर लीजिए। अंत में कभी-न-कभी ईश्वरीय न्याय पूरी निष्पक्षता के साथ अपना कार्य करते हुए प्रत्येक को उसके कर्मों का फल देगा।

106. एक-एक दिन का आनंद लेकर जिओ

अपने जीवन को दिनों में विभाजित कर दीजिए और फिर केवल आज को जीने और उसे हंसी-खुशी से बिताने की कोशिश करिए। बीते हुए और आने वाले कल दोनों को भूल जाइए। तब आपके पास जीतने के लिए सिर्फ एक दिन की समस्याएं होंगी और कोई भी एक दिन की समस्याओं को सरलता से हल कर सकता है। जब आप गुजरे हुए कल की समस्याओं और आने वाले कल के भय को आज के भार में जोड़ लेते हैं तभी आपको उसे संभालना असहनीय हो जाता है। ***अपने जीवन को केवल छोटी-छोटी इकाइयों में बांट कर तथा भूत और भविष्य की चिंताओं से मुक्त होकर आप अपने वर्तमान काम पर पूरा मन लगा सकते हैं और उससे खुशी प्राप्त कर सकते हैं। आपका मस्तिष्क जब एक ही समय में भूत और भविष्य में घूमता है तो वह वर्तमान कार्य को भली प्रकार करके उसका आनंद नहीं ले पाता।***

आप अपने दिन को घंटों और मिनटों में भी बांट सकते हैं और फिर सब कुछ भूल कर एक-एक क्षण को जी सकते हैं और उससे आनंदित हो सकते हैं। यही सफल लोगों के जीवन की कुंजी है।

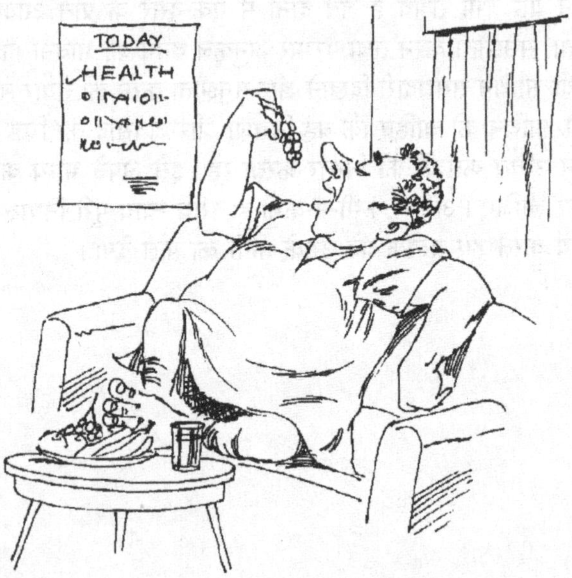

107. अपने मन की रफ़्तार कम कीजिए

अधिकांश लोगों का मन एक विचार से दूसरे और फिर तीसरे विचार की ओर बहुत तीव्रता से भागता है। उनका मन एक क्षण के लिए भी शांत नहीं रह पाता। वे सदैव योजना बनाते, चिंता करते और तनाव से परेशान रहते हैं। धीरे-धीरे उनकी यह आदत गहराई तक अपनी जड़ें जमा लेती है और मन का एक आवश्यक अंग बन जाती है। उस समय भी, जब चिंता की कोई बात नहीं होती, ऐसे लोग चिंता का कोई कारण खोज निकालते हैं और सदा व्याकुल रहते हैं। जब करने के लिए कुछ नहीं होता तो भी वे अपने मनो-मस्तिष्क को आराम देने के बजाय इसी बात पर तनाव से भर कर घूमते हैं कि अब क्या किया जाए?

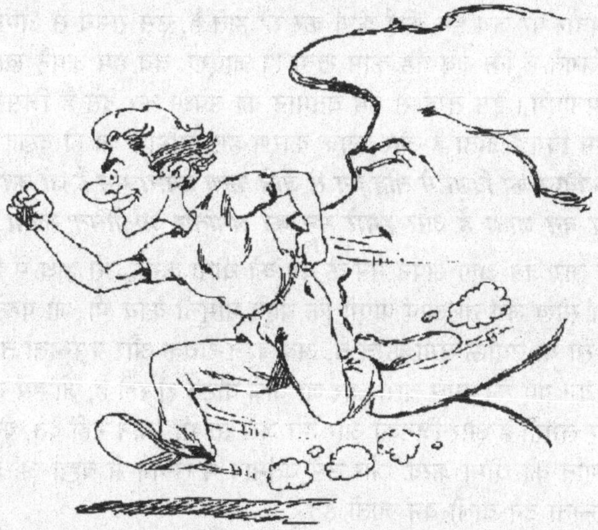

मन की तीव्र गति का क्या अर्थ है? यह एक निश्चित समय में आपके मन के अंदर आने वाले कुल विचारों की संख्या बताता है। ***अपने मन को धीमा करने का अर्थ है अपने मन में एक निश्चित समय के अंदर आने वाले विचारों की संख्या को कम करना।*** मान लीजिए, पहले एक मिनट में आपके मन में एक हजार विचार आया करते थे और अब उतने ही समय में केवल सौ विचार आते हैं। इसका अर्थ यह हुआ कि आपके अपने मन को इस सीमा तक धीमा कर दिया है। मन की गति विशेष रूप से सभी ऋणात्मक (Negative) भावों और मानसिक दबावों के समय अधिक तेज होती है, विशेष रूप से अधैर्य, जल्दबाजी और निराशा के भावों के समय।

मन की तीव्र गति या वेग अथवा विचारों की भयानक भीड़ उमड़ पड़ना निश्चित रूप से एक कमजोर और अनियंत्रित मन का लक्षण है। नियंत्रित मन जब तक चाहे बिना दूसरे विचार को लाए केवल एक विचार में बराबर केंद्रित रह सकता है। वह अपनी इच्छा के अनुसार निश्चित समय तक विचारशून्य भी हो सकता है।

मन के वेग को कम करने की विधि यह है कि जो कार्य आप अभी कर रहे हैं उसी में अपने ध्यान को केंद्रित कर दें। भूतकाल की बीती यादों और भविष्य की संभावनाओं या भय में न रहें, वर्तमान में रहना सीखें। ***जब आप समय से आगे या भूत अथवा भविष्य की दिशा में विचार करना प्रारंभ करते हैं, केवल तभी आपके मन का वेग बढ़ता है और इसके फलस्वरूप ही हाथ में लिया वर्तमान कार्य खराब हो जाता है।***

आमतौर पर जब हम कोई कार्य कर रहे होते हैं, उस समय से आगे की बात विचारने लगते हैं कि जब वह काम खत्म हो जाएगा, तब हम अपने खाली समय में मौज मनाएंगे। इस तरह से हम वर्तमान की उपेक्षा कर देते हैं जिससे हाथ में लिया काम बिगड़ जाता है और उसके कारण हम वर्तमान को ही दुखद बना लेते हैं। ***यह भविष्य की दिशा में तीव्र वेग से जाने वाला हमारा मन है जो वर्तमान खुशी की बाधा बन जाता है और हमारे मन को लगातार आंदोलित रखता है।***

एक बार जब आप अपने मन के वेग को धीमा करके उसे हाथ में लिए कार्य में लगाना सीख लेंगें तो आप पाएंगे कि बहुत मामूली कार्य भी, जो पहले आपको बहुत बोरिंग या उबाऊ लगा करते थे, अब बहुत रोचक और प्रसन्नता तथा संतोष देने वाले बन गए हैं। हमारे चारों ओर जो चीजें घटित हो रही हैं, जो हमें नीरस और अरुचिकर लगती हैं और जिनकी ओर हम जरा सा भी ध्यान नहीं देते, केवल वे ही मन की गति को धीमा करके और उसे वर्तमान में लगाने से बहुत अधिक रोचक और प्रसन्नता देने वाली बन जाती हैं।

यदि हम अपने कार्यों में खुशी और आनंद पाना चाहते हैं तो हमें उन्हें तेजी से जैसे-तैसे जल्दी से जल्दी खत्म कर देने का रवैया छोड़ देना चाहिए। इसके स्थान पर हमें प्रत्येक कार्य को चाहे वह छोटा से छोटा हो पूरी सजगता और सावधानी से करने की कार्यशैली अपनानी चाहिए। ***यदि हम प्रत्येक छोटे कार्य पर ध्यान नहीं देते तो फिर हम बड़े कार्यों को भी पूरे ध्यान से नहीं कर सकते, क्योंकि मानसिक प्रवृत्ति को अचानक नहीं बदला जा सकता।***

108. क्या आपकी बातचीत का अंत हमेशा गुस्से और दुख में होता है?

आमतौर पर यह देखा गया है कि यद्यपि लोग अपनी बातचीत की शुरुआत अच्छे इरादों से करते हैं लेकिन कुछ क्षणों बाद नज़ारा बदला हुआ मिलता है। एक-दूसरे की टांग खिंचाई जैसी बातें शुरू हो जाती हैं जिसमें हरेक दूसरे पर केवल अपना बड़प्पन लादने में रुचि रखता है और एक-दूसरे का ज्ञानवर्धन जो कि वार्तालाप का मुख्य लक्ष्य था, खत्म हो जाता है। ऐसा इसलिए होता है, क्योंकि लोग वार्तालाप का असली उद्देश्य, जिसके लिए उसे शुरू किया गया था, भूल जाते हैं और अपने झूठे अहम् को संतुष्ट करने में अधिक रुचि लेने लगते हैं।

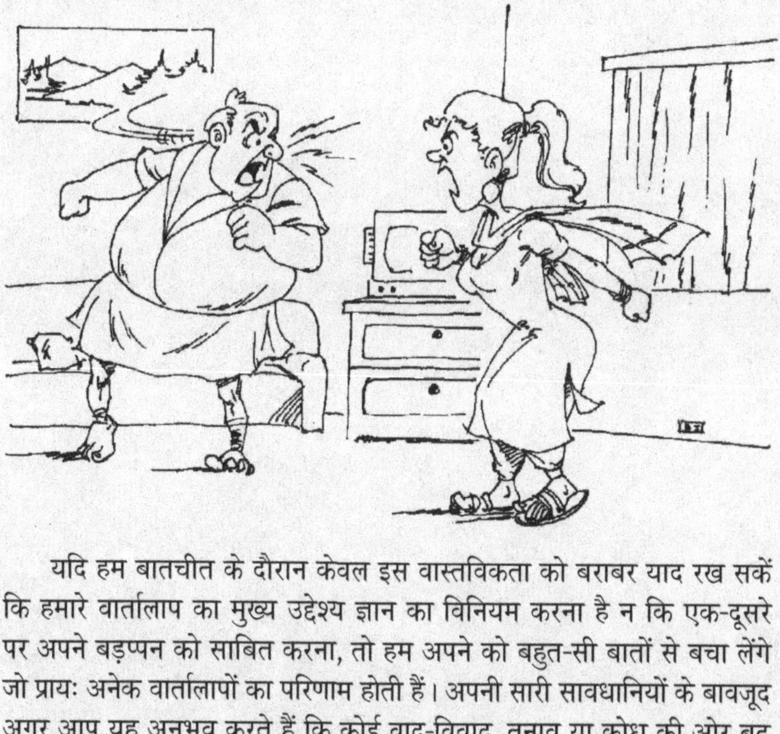

यदि हम बातचीत के दौरान केवल इस वास्तविकता को बराबर याद रख सकें कि हमारे वार्तालाप का मुख्य उद्देश्य ज्ञान का विनियम करना है न कि एक-दूसरे पर अपने बड़प्पन को साबित करना, तो हम अपने को बहुत-सी बातों से बचा लेंगे जो प्रायः अनेक वार्तालापों का परिणाम होती हैं। अपनी सारी सावधानियों के बावजूद अगर आप यह अनुभव करते हैं कि कोई वाद-विवाद, तनाव या क्रोध की ओर बढ़ रहा है, तो उसको उसी अवस्था में समाप्त कर देने में बुद्धिमानी है, चाहे आपकी बात कितनी ही तर्कसंगत क्यों न हो। आपको इस बात की भी पुष्टि कर लेनी चाहिए कि आप ऐसे ही लाभदायक वाद-विवाद में शामिल हों जिससे ज्ञान की वृद्धि

हो। यदि आप अनुभव करते हैं कि किसी व्यक्ति का वाद-विवाद, तर्क, वार्तालाप बिल्कुल सारहीन है और केवल समय तथा शक्ति बरबाद करने वाला है, तो उसमें भाग नहीं लीजिए। बिना कुछ बोले बस केवल श्रोता बने रहिए और जरा-सा भी अवसर मिलते ही वहां से चले जाइए।

यदि किसी व्यक्ति से बात करते हुए आप अनुभव करते हैं कि आपका मन उससे जरा भी नहीं मिलता तो ऐसी स्थिति में बजाय इसके कि हर बार आपकी बातचीत का परिणाम तनाव, गुस्सा और दिलजली में निकले, जितना संभव हो उससे कम बात करिए।

109. एक समय में एक समस्या से निपटिए

हम सभी यह जानते हैं कि हम असंख्यों समस्याओं से घिरे हुए हैं। ***यदि हम एक ही समय में सभी समस्याओं पर विचार करना और उन्हें हल करना शुरू कर दें तो हम पागल हो जाएंगे*** और एक भी समस्या भली प्रकार हल नहीं कर पाएंगे। सही दृष्टिकोण यह है कि पहले आप सभी समस्याओं की एक सूची बना लें और फिर एक समय में एक समस्या लेकर उस पर पूरा ध्यान दें। थोड़ी देर के लिए अन्य सभी समस्याओं को भूल जाएं। एक समय में एक समस्या का हल करने से वह अधिक कठिन नहीं लगेगी और इससे आपका उत्साह भी बढ़ेगा। आप समस्या हल करने की चुनौती का आनंद भी अनुभव करेंगे। ***जब आप सभी समस्याओं को एक साथ देखते और एक ही समय में हल करने की कोशिश करते हैं, तभी उनके सामने अपने को कमजोर समझने लगते हैं।***

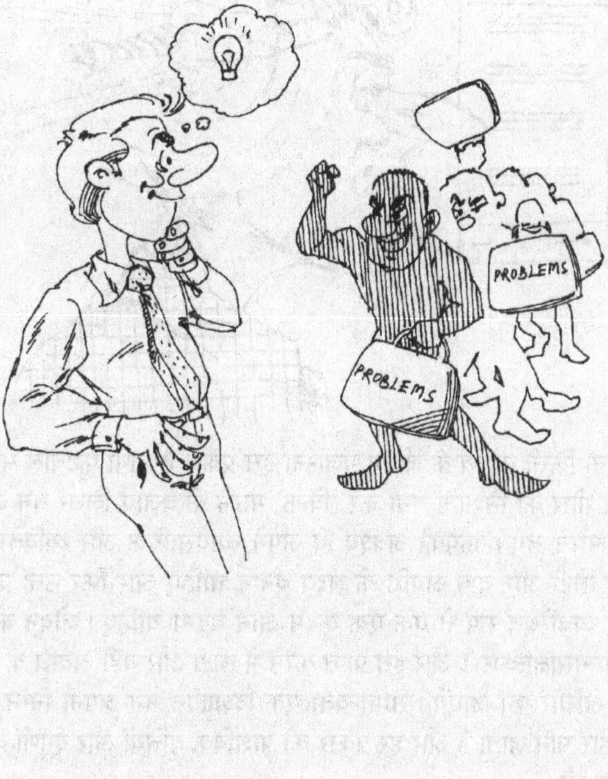

110. अपने दिमाग को खाली मत छोड़िए, सदा कुछ लक्ष्य रखिए

कुछ लोग अपना पूरा जीवन ऐसे व्यतीत करते हैं मानों जो भी काम मिल जाए उसमें उन्हें अपनी जिंदगी का वक्त किसी तरह काटना है। ऐसा लगता है कि उनका उद्देश्य बस एक दिन जैसे-तैसे मर जाना है। लेकिन आपको यह अवश्य समझ लेना चाहिए कि यह जीवन बहुत मूल्यवान है। यह जीवन हमें बेकार और बिना किसी उद्देश्य के बरबाद करने के लिए नहीं दिया गया है। हम इस धरती पर छुट्टियां मनाने नहीं आए हैं, हमें कुछ उद्देश्यों को प्राप्त करना है।

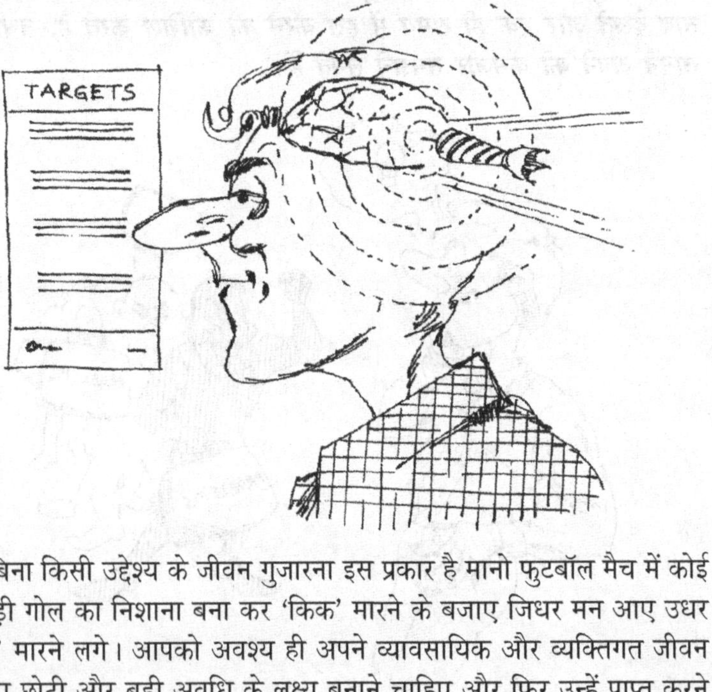

बिना किसी उद्देश्य के जीवन गुजारना इस प्रकार है मानो फुटबॉल मैच में कोई खिलाड़ी गोल का निशाना बना कर 'किक' मारने के बजाए जिधर मन आए उधर 'किक' मारने लगे। आपको अवश्य ही अपने व्यावसायिक और व्यक्तिगत जीवन के लिए छोटी और बड़ी अवधि के लक्ष्य बनाने चाहिए और फिर उन्हें प्राप्त करने के लिए व्यवस्थित रूप से एक-एक कदम आगे बढ़ना चाहिए। जीवन का सर्वोच्च लक्ष्य आत्मसाक्षात्कार है और इसे प्राप्त करने में छोटी और बड़ी अवधि के लक्ष्य अंत में एक आधार बन जाएंगे। सामान्यतः एक दिशाहीन मन अपनी निम्न प्रवृत्ति के सामने हार मान जाता है और हर प्रकार की पाशविक वृत्तियों और दुर्गुणों का शिकार बन जाता है।

111. विपत्तियों की कल्पनाएं नहीं, उनका सामना करें

कुछ लोग अपना बहुत-सा समय अपने अनेक भावी समस्याओं के बारे में कल्पना करने में नष्ट करते रहते हैं, जैसे कहीं उनको यह न हो जाए, कहीं वह न हो जाए? इस संबंध में कृपया स्मरण रखिए कि जीवन में जब और जैसी भी समस्याएं और संकट आएं उनका बस सामना करना चाहिए। हमें निरंतर अपनी संभावित भावी आपत्तियों के बारे में विचार कर परेशान नहीं होना चाहिए। उदाहरण के लिए यह मत विचार करिए कि ''यदि मुझे कैंसर हो गया, तो क्या होगा?'' ''यदि मेरे बच्चों ने बुढ़ापे में मुझे अकेला छोड़ दिया तो क्या होगा?'' या ''यदि मेरी नौकरी छूट गई तो क्या होगा?'' आदि-आदि। ***वास्तविकता में आप जो कल्पनाएं करते हैं, उनमें से निन्यानवे प्रतिशत कभी घटित नहीं होतीं। वे केवल आपके संदेहग्रस्त मन और बेलगाम कल्पना की उपज होती हैं।***

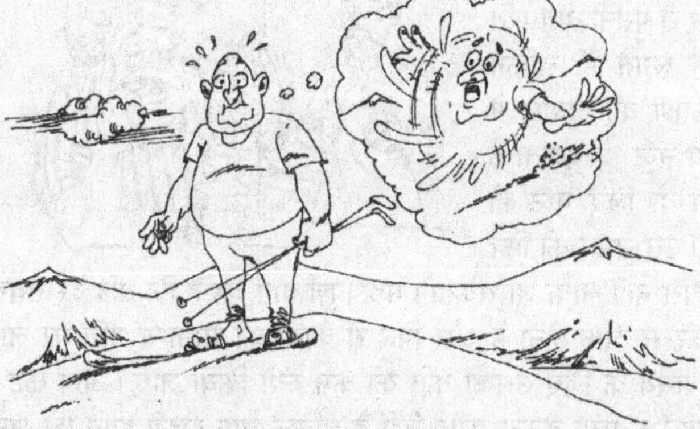

जैसा कि पहले बताया जा चुका है, ***यदि कोई आपत्ति आ भी गई तो आपमें सदैव उसका सामना करने की शक्ति है। कोई भी समस्या या आपत्ति आपसे बड़ी नहीं हो सकती।*** इसके अतिरिक्त आप किसी भी आपत्ति में कभी अकेले नहीं हैं। आप किसी भी परिस्थिति में हों, सर्वशक्तिमान परमात्मा सदैव आपके साथ होता है। ***सारा संसार आपको छोड़ सकता है पर वह नहीं छोड़ सकता।*** इसलिए कभी हिम्मत मत हारिए और इस सिद्धांत को सदैव स्मरण रखिए, ***'समस्याएं जैसे आती जाएं बस उनका सामना करते जाइए। उनके बारे में अधिक विचार और ध्यान मत करते रहिए।'***

112. खराब मूड में भी अपने कार्यों को रोकिए नहीं

अनेक लोग जब उनकी मनोदशा या मूड खराब होता है अपने कार्यों को बंद कर देते या कम-से-कम धीमा तो कर ही देते हैं। किसी के द्वारा ताना मारने या किसी अपमान या कहीं बोले गए कटु व्यंग्य अथवा किसी योजना में असफलता आदि कारणों से मन की दशा बिगड़ सकती है। इसके हजारों कारण हो सकते हैं। जब तक उनका 'मूड' या मनोदशा ठीक नहीं होती, उनके कार्य धीमी गति से चलते रहते हैं और अपनी सामान्य गति में नहीं आते। वे यह अनुभव नहीं करते कि अपने खराब 'मूड' के कारण कार्यों को रोक कर जो पहले नुकसान हो चुका है, उसे वे और बढ़ा रहे हैं, क्योंकि जितने समय तक कार्य बंद रहेगा या धीमे चलेगा उतना मूल्यवान समय भी नष्ट हो जाएगा।

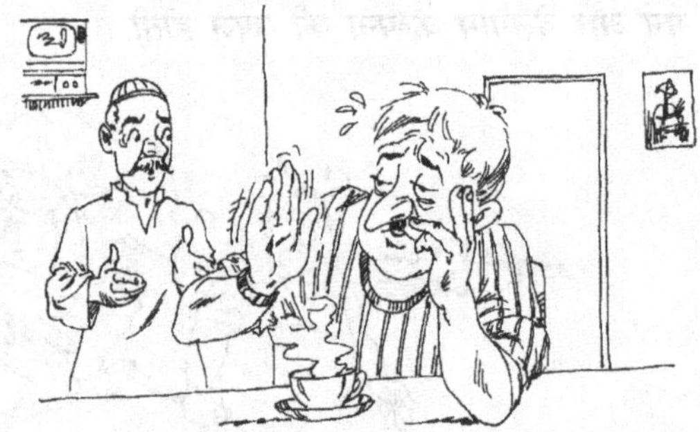

देर-सबेर जब उनका 'मूड' सामान्य होता है, उनके कार्य फिर से पुरानी तीव्र गति से चलने लगते हैं, लेकिन इस संक्रमण की अवधि में जो समय नष्ट हो चुकता है वह सदा के लिए नष्ट हो जाता है। उस समय को फिर कभी वापस नहीं लाया जा सकता। महत्वपूर्ण बात यह है कि यदि देर-सबेर आपका 'मूड' फिर से ठीक होना है और फिर से कार्यों को सामान्य गति पर लाना है तो थोड़े से समय के लिए उसकी गति को कम क्यों किया जाए। आप कह सकते हैं कि व्यवहार में ऐसा करना संभव नहीं है लेकिन आप दोहरी हानि को अनुभव कर अपने मन पर इच्छा-शक्ति का उपयोग करिए और अपने खराब मूड में भी कार्य करने की गति में बाधा नहीं डालिए।

जहां तक आपके मूड का संबंध है, आप परेशान करने वाली उस घटना को आगामी सप्ताह, महीने या वर्ष तक भूल जाएंगे, क्योंकि नवीन घटनाओं का वेग पूर्ववर्ती दुखद घटना का प्रभाव हलका करता चला जाएगा। अतः समझदारी इसी में है कि जितनी जल्दी संभव हो, दुखद घटना को भूल जाइए और अपनी मनोदशा या मूड को सामान्य बना लीजिए।

113. लगातार शिकायत और कलह करना छोड़िए

कुछ लोगों को लगातार शिकायत और कलह करते रहने की आदत होती है, उदाहरण के लिए–यह काम नहीं हुआ; वह ठीक नहीं; मुझे यह पसंद नहीं; मुझे वह अच्छा नहीं लगता; लोगों ने मुझसे पूछा नहीं–आदि, आदि। ऐसे कथनों की सूची अनंत है। उनका थैला शिकायतों से हमेशा भरा रहता है। अच्छी प्रकार से किए गए किसी कार्य की ओर उनका ध्यान नहीं जाता। वे अच्छी बातें और कार्य जल्दी भूल जाते हैं। वे हमेशा जीवन के नकारात्मक पक्ष पर बल देते हैं। उनके पास अनंत शिकायतें होती हैं। अपने इस दृष्टिकोण के कारण वे सदैव तनाव में रहते हैं।

किसी भी मानवीय कार्य में आम कमियां निकालना कोई मुश्किल काम नहीं है, कारण कि कोई भी मानव अपने आपमें पूर्ण नहीं है, इसलिए गुस्से में आकर हमेशा शिकायतें करते रहने के स्थान पर आपको अपने दृष्टिकोण और प्रतिक्रियाओं में कुछ परिवर्तन लाना चाहिए।

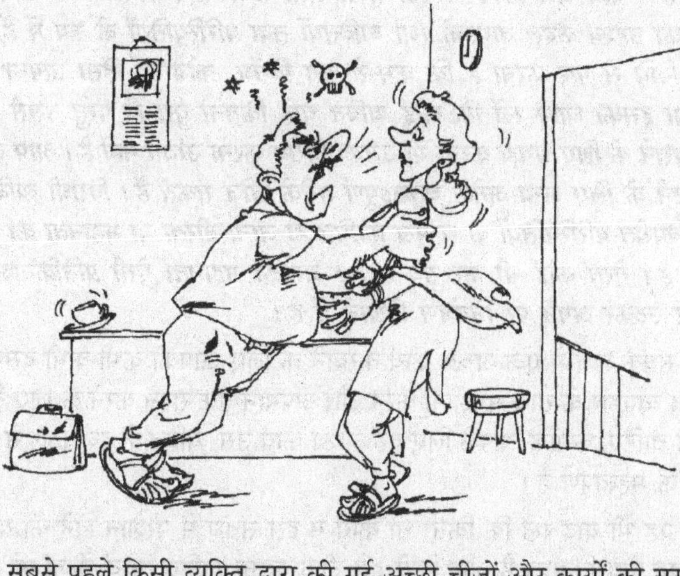

सबसे पहले किसी व्यक्ति द्वारा की गई अच्छी चीजों और कार्यों की सराहना करना भी सीखिए। दूसरे, यदि आपको जब कभी किसी व्यक्ति को उसकी किसी चीज की कमियों को बताना हो तो उसे सकारात्मक रूप में बताएं (यदि वह

कार्यालय से संबंधित है तो लिख कर बताना बेहतर होगा) जैसे कि वे स्वाभाविक चीजें हैं और दूर की जा सकती हैं। इस संबंध में भावात्मक दृष्टिकोण न अपनाएं। यदि कोई व्यक्ति अपनी गलतियों को सुधारने का ईमानदारी से प्रयत्न नहीं करता और इस कारण आपको उसके विरुद्ध कोई कार्यवाही करनी पड़ रही है तो इसे भी निष्पक्ष रूप से अपने कर्तव्य का एक अंग समझते हुए करिए, बस उस व्यक्ति के खिलाफ आपमें किसी प्रकार की रंजिश या किसी प्रकार का बुरा भाव नहीं होना चाहिए, बल्कि उसको सुधारने का भाव होना चाहिए।

यदि आपको किसी ऐसे व्यक्ति के खिलाफ शिकायत है जो आपके नीचे नहीं वरन् पद में आपके समान अथवा आपसे वरिष्ठ है, या किसी दूसरे विभाग में कार्य करता है तो सिर्फ उससे प्रार्थना करें और उस बात को व्यक्तिगत लड़ाई बनाकर संबंध न बिगाड़ें। इसके बावजूद भी वे अगर कुछ नहीं करते तो अपनी शिकायत उनके उच्च अधिकारी को लिख कर भेजिए। अनुभव यह बताता है कि क्रोध करने के बजाय नम्रता और मुस्करा कर बात करने से दूसरे लोग आश्चर्यजनक रूप से अच्छा व्यवहार करने लगते हैं। ***कृपया याद रखिए कि इस जीवन में आपका मकसद दूसरे लोगों को ठीक करना या दुष्ट लोगों से उनके खराब व्यवहार का बदला लेना नहीं है। न्याय और विश्व व्यवस्था से संबंधित सभी कार्य परमात्मा के कार्य हैं। आपका उद्देश्य केवल बाधाओं (जो व्यक्तियों तथा परिस्थितियों के रूप में हैं) को इस विधि से पार करना है कि कम-से-कम विरोध, क्रोध या हिंसा उत्पन्न हो। कृपया इसका ध्यान रखें कि कोई व्यक्ति चाहे कितना बुरा हो परंतु उससे कार्य निकालने के लिए झगड़ा करना या उसका विरोध करना उचित नहीं है। आप उससे निपटने के लिए अन्य अनेक चतुराईपूर्ण तरीके खोज सकते हैं। विरोधी व्यक्तियों या विपरीत परिस्थितियों के सम्मुख क्रोधित हो जाना वीरता या महानता का कार्य नहीं है। ऐसा कोई भी कर सकता है। आपकी महानता ऐसी प्रतिक्रियाओं से ऊपर उठकर अपने पर नियंत्रण दिखाने में है।***

सबके हित में एक अच्छा कार्य करवाने के लिए आपको कभी-कभी दूसरों के खराब व्यवहार के साथ समझौता करने और अपमान तक सहन करने के लिए तैयार रहना चाहिए, क्योंकि आपके लिए वह अच्छा कार्य उस व्यक्ति के दुर्व्यवहार से कहीं अधिक महत्वपूर्ण है।

यह भी याद रखें कि किसी भी कार्य में इस संबंध में परेशान होने की बजाय कि यह दोष किसका है और किसे इसे ठीक करना चाहिए, स्वयं चीजों को ठीक करना सीखिए। आप संबंधित व्यक्ति को गलती ठीक करने के बाद सूचित कर सकते हैं ताकि उसे अपनी गलती का ज्ञान हो जाए, लेकिन आपका फोकस चीजों को ठीक करने में ज्यादा होना चाहिए बजाय इसके कि गलती किसने की।

114. दूसरों को खुश व संतुष्ट करने में अपनी शक्ति नष्ट न करिए

कुछ व्यक्ति दूसरों को खुश और संतुष्ट करने के लिए जी-तोड़ प्रयत्न करते हैं, लेकिन जब लंबे समय बाद वे पाते हैं कि उनके सभी प्रयास बेकार चले गए हैं और कोई भी वास्तव में संतुष्ट नहीं हुआ है तो उन्हें अत्यधिक निराशा होती है।

वास्तव में, ऐसे उद्देश्य से कार्य करना अपने को मूर्ख बनाने जैसा है, क्योंकि सच्चाई तो यह है कि सब लोगों के संबंध की बात तो दूर आप केवल एक व्यक्ति को संतुष्ट नहीं कर सकते। इसका कारण यह है कि हर व्यक्ति की अनगिनत अपेक्षाएं और इच्छाएं होती हैं और एक व्यक्ति की सभी अपेक्षाओं या आशाओं को संतुष्ट करना असंभव है। यदि आप किसी को संतुष्ट कर सकते हैं तो वह स्वयं आप हैं, अन्य कोई नहीं। इसी प्रकार अन्य व्यक्ति भी अपने द्वारा ही संतोष पा सकता है, किसी दूसरे के द्वारा नहीं।

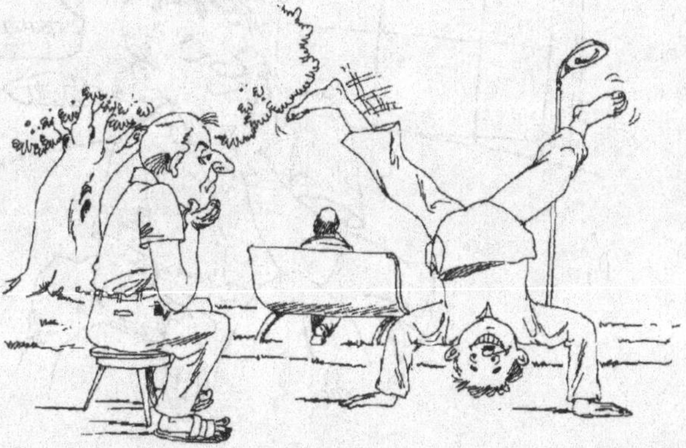

अतः दूसरों को प्रसन्न करने या सुखी बनाने के लिए प्रयत्न करने में अपने समय तथा शक्ति को बरबाद मत करिए। ***ऐसे कार्यों से अंत में सदैव तनाव पैदा होता है। प्रसन्नता या खुशी एक प्राकृतिक और सहज प्राप्त होने वाली मानसिक स्थिति है। दूसरों को जबर्दस्ती प्रसन्नता नहीं दी जा सकती।*** जब आपका मन शांत, स्थिर और नकारात्मक भावों से स्वतंत्र होता है, आप स्वतः प्रसन्नता का अनुभव करने लगते हैं। प्रसन्नता कोई ऐसी वस्तु नहीं है जो किसी को दी जा सके, बल्कि यह तो एक भाव है जिसे व्यक्ति को स्वयं अपने अंदर अनुभव करना पड़ता है। दूसरों को प्रसन्न करने के लिए आप जो सबसे बड़ा योगदान कर सकते हैं वह यह है कि आप स्वयं अपने को खुश और प्रसन्नचित्त बनाइए ताकि आपसे निकलने वाली तरंगें दूसरों में भी वही भाव उत्पन्न कर दें।

115. सोचिए कम, करिए ज्यादा

कुछ लोग विचार करने में ही बहुत-सा समय नष्ट कर देते हैं। वे अपनी कल्पना में बहुत-सी योजनाएं बनाते हैं कि वे यह कहना चाहते हैं और वह करना चाहते हैं। यद्यपि उनके इरादे खराब नहीं होते और वे वास्तव में जीवन में बहुत कुछ सीखना तथा उपलब्ध करना चाहते हैं, परंतु वे कुछ प्राप्त करने के योग्य नहीं हो पाते क्योंकि उनका तरीका ठीक नहीं होता। वे जो कुछ चाहते हैं उसे नहीं पाने से हर समय निराशा और अवसाद में रहते हैं। ऐसा इसलिए होता है क्योंकि उनका अधिकांश समय विचार करने में गुजर जाता है और जब वे कोई कार्य करते भी होते हैं तब भी उनका मन भावी योजना को बनाने में लगा रहता है। इस प्रकार वे अपने वर्तमान कार्य पर भी ठीक से मन को एकाग्र नहीं कर पाते।

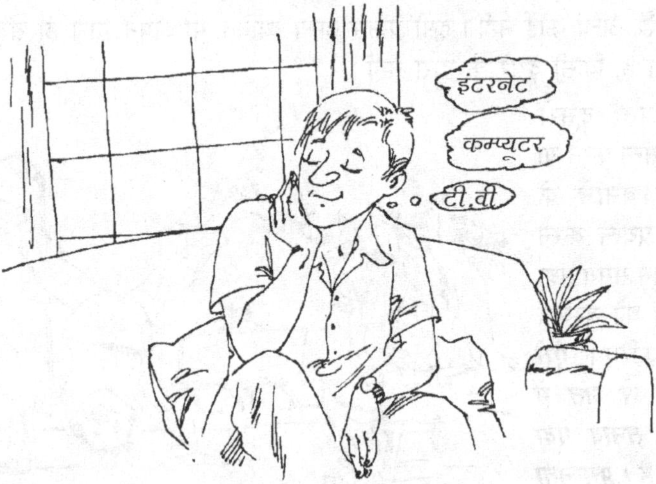

यद्यपि किसी कार्य को भली प्रकार करने के लिए कुछ हद तक विचार करना और योजना बनाना बहुत आवश्यक है, लेकिन उसके बारे में मन में लगातार चलने वाली बकवास हानिकार होती है। इस अंदरूनी बकवास को बंद करने और जीवन में अधिकतम पाने की सर्वोत्तम विधि यह है कि अपने को कभी भी अधिक समय तक बिना किसी कार्य के दिवा-कल्पनाओं में मत पड़ा रहने दीजिए। ऐसे अवसरों पर सदैव अपने कार्यों की लंबी सूची में से कोई काम निकाल कर उसे शुरू कर दीजिए और उसमें खो जाइए। इसके बाद दूसरे कार्य को पूरा करने में लग जाइए। आपकी निराशा इस तथ्य से उत्पन्न होती है कि आप हर चीज एकदम से या

कम-से-कम समय में सीखना या करना चाहते हैं। जैसा कि आप जानते हैं यथार्थ में ऐसा होना असंभव है।

इसके अतिरिक्त आप यह भी जानते हैं कि समय बीतने के साथ आपकी इच्छाएं और योजनाएं भी बदलती रहती हैं। उदाहरण के लिए आज से बीस वर्ष पूर्व आपकी जो इच्छाएं और योजनाएं थीं, वे आज वैसी नहीं हैं। बीस वर्ष पहले आप कुछ चीजों को पाने के लिए जितने बेसब्र थे, उतने आज नहीं हैं।

आपकी खुशी पाने के लिए उस आने वाले समय का इंतजार करने की आवश्यकता नहीं, जब आपकी सारी योजनाएं पूरी हो जाएंगी। आप अपना अंतिम लक्ष्य पाने के लिए जो कार्य तथा गतिविधियां कर रहे हैं उनमें पूरी तरह तल्लीन होकर आपको ठीक अभी खुशी पानी चाहिए। किसी कार्य को अपनी सर्वोत्तम रीति से करते हुए वर्तमान क्षण में रहने की योग्यता पर आपकी खुशी निर्भर करती है।

116. दूसरों को बदलने की कोशिश मत करिए

यदि हम अपने दैनिक जीवन में झांककर देखें तो पाएंगे कि हमारी अधिकतर शक्ति दूसरों को बदलने के प्रयत्न में व्यय हो जाती है। हम कभी भी यह सोचने का प्रयत्न नहीं करते कि क्या हमें खुद भी बदलने की जरूरत है? ***हम हमेशा यही सोचते हैं कि हमारा दुख सिर्फ दूसरों के कारण है और यदि दूसरे लोग बदल जाएं, तो हम सुखी हो जाएंगे।***

जीवन का कटु सत्य यह है कि आप किसी दूसरे को जबरदस्ती प्रयत्न पूर्वक बदल नहीं सकते। बल्कि जितनी ज्यादा शक्ति आप दूसरे को बदलने में लगाएंगे, उतना ही दूसरा बदलने में विरोध प्रकट करेगा। इसका कारण यह है कि अहंकार कभी सीधी तौर पर किसी चीज़ के लिए राजी नहीं होता। उसकी प्रवृत्ति हमेशा विरोध करने की, उलटा करने की होती है।

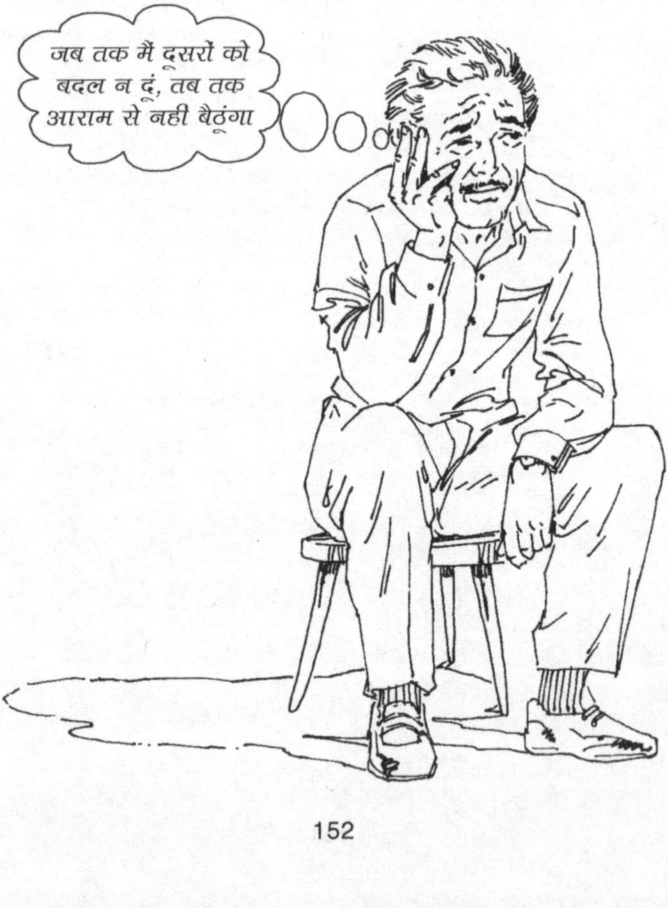

दूसरे को बदलने में आप सिर्फ परोक्ष रूप से मदद कर सकते हैं या निमित्त हो सकते हैं। लेकिन यह बात स्पष्ट होनी चाहिए कि दूसरे में बदलाव हो सकता है, लेकिन किया नहीं जा सकता। यह एक 'होने वाली' घटना है, 'करने वाली' नहीं। अब महत्त्वपूर्ण प्रश्न यह है कि यह 'होना' घटित कैसे हो? ***इसको घटित होने का एक ही तरीका है कि आप अपने को बदलिए।*** दूसरों के व्यवहार के प्रति अपनी प्रतिक्रियाओं और रवैये में बदलाव लाइए। आप अगर एक आदमी कि क्रियाओं के प्रति, दूसरी तरह से प्रतिक्रिया करेंगे (उदाहरण के तौर पर, मान लीजिए आप उत्तेजित होने के बजाय चुप बैठ जाते हैं) तो मजबूरन उस आदमी को अब आपसे थोड़ा बदलकर पेश आना पड़ेगा। इस प्रकार से आपके बदलने से दूसरे में परोक्ष रूप से धीरे-धीरे परिवर्तन होने लगेगा।

जो लोग आपके साथ सीधे तौर पर संबंधित नहीं हैं, लेकिन आपका जीवन उनसे प्रभावित होता है (जैसे कि सरकारी विभागों के कर्मचारी जिनसे जनता का विभिन्न कामों के संबंध में लेनदेन रहता है), उनको भी बदलने का तरीका उनको लगातार गाली देना व दोषारोपण नहीं है। बल्कि उसका तरीका है कि आप संबंधित अधिकारियों को पत्र लिखें, उनसे जाकर कभी-कभी मिलें व अपनी समस्याएं और कर्मचारियों की लापरवाही का उल्लेख करें। इससे कुछ न कुछ जरूर होगा। अगर आप खाली घर में या दफ्तर में बैठे-बैठे आपस में उनकी बुराई करते रहें, शिकायत करते रहें, तो उससे कुछ नहीं होगा सिवाय आपका तनाव बढ़ने के।

इसलिए निष्कर्ष यही निकलता है कि ***दूसरों को बदलने का एक ही तरीका है कि आप अपने को, अपनी प्रतिक्रियाओं को बदलें।***

117. दूसरों में दोष निकालने की आदत से बचिए

हम प्रायः दूसरों की अच्छी चीजों के लिए प्रशंसा करने में कंजूसी दिखाते हैं। पर, बात जब दूसरों के कार्यों में कमी अथवा दोष निकालने की हो तो हम अविलंब बिना सोचे, समझे अपनी बात कह देते हैं। जबकि हमें विपरीत दृष्टिकोण को विकसित करने की आदत बनानी चाहिए अर्थात् जब भी हम दूसरों में कोई अच्छाई पाएं अथवा उन्हें कोई अच्छा कार्य करते हुए देखें, तो खुले मन से उनकी प्रशंसा करें। ऐसा करने से उस व्यक्ति विशेष को लगातार अच्छे कार्य करते रहने का प्रोत्साहन मिलता है

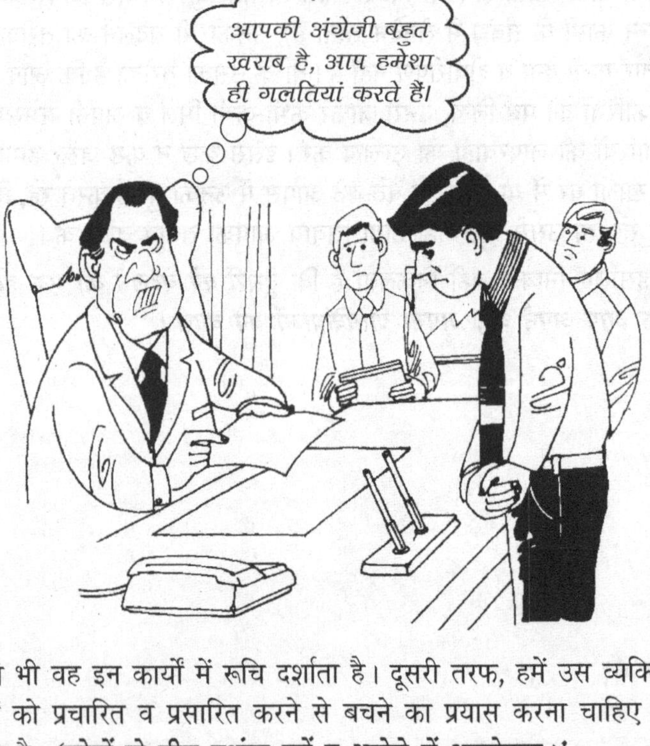

व आगे भी वह इन कार्यों में रूचि दर्शाता है। दूसरी तरफ, हमें उस व्यक्ति की कमियों को प्रचारित व प्रसारित करने से बचने का प्रयास करना चाहिए। एक कहावत है, ***'लोगों के बीच प्रशंसा करें व अकेले में आलोचना।'***

इसका मतलब यह भी नहीं होना चाहिए कि कोई व्यक्ति लगातार गलतियां करते हुए नज़र आए और हम उसे टोकें तक नहीं। अगर कोई व्यक्ति आपके अधीन

कार्य कर रहा है और आप उसे कोई गलती करते हुए पाते हैं, तो आपको उसकी कमियों व गलतियों को उसे एकान्त में अकेले बुलाकर बताना चाहिए। लेकिन आप उसकी कमियों को कभी भी लोगों के बीच प्रचारित न करें।

यह बात भी ध्यान देने योग्य है कि जब भी आप किसी व्यक्ति के नकारात्मक पहलू पर ध्यान देते हैं, तो आप भी अस्थाई तौर पर नकारात्मकता से प्रभावित होते हैं और जब आप सकारात्मक विचार रखते हैं, तो सकारात्मक ऊर्जा से भर जाते हैं। इस प्रकार आप यह महसूस कर सकते हैं कि सकारात्मक विचार आपके स्वतः के फायदे हेतु होते हैं, जबकि नकारात्मक विचारों से हमारी मानसिकता कुंठित होती है।

दूसरी बात हमें महसूस करनी चाहिए कि जो व्यक्ति कार्य करता है, वही गलतियां भी करता है। हम प्रायः दिन-प्रतिदिन के जीवन में बहुत से लोगों को देखते हैं, जो खुद तो कार्य करते नहीं, परंतु दूसरा यदि कार्य के प्रति तत्परता दिखाता है, तो वे उसमें तमाम कमियां निकालते हैं। इसे हम एक बौद्धिक अथवा परिपक्व दृष्टिकोण नहीं कह सकते। परिपक्व अथवा सकारात्मक बौद्धिक दृष्टिकोण हम उसे कह सकते हैं, जो किसी व्यक्ति द्वारा कार्य के प्रति लगन व निष्ठा दिखाने पर उसे सहायता प्रदान करे।

118. ज्यादा से ज्यादा सतोगुण विकसित करें

हमारे प्राचीन धर्मग्रंथों एवं यौगिक पुस्तकों में मनुष्य के शरीर-गठन को लेकर तीन गुणों की चर्चा की गई है। जिन्हें हम रजोगुण, तमोगुण व सतोगुण की संज्ञा देते हैं।

रजोगुण व तमोगुण से जहां व्यक्ति का पतन होता है, वहीं यदि उसमें सतोगुण निहित हो जाय, तो वह ऊंचाई की तरफ बढ़ते हुए परमपिता परमेश्वर का प्यारा बन जाता है। क्षमता से ज्यादा कार्य व विश्राम न कर पाने के कारण ही रजोगुण प्रायः पैदा होता है। रजोगुण से मनुष्य के अंदर चिड़चिड़ापन व तनाव का जन्म होता

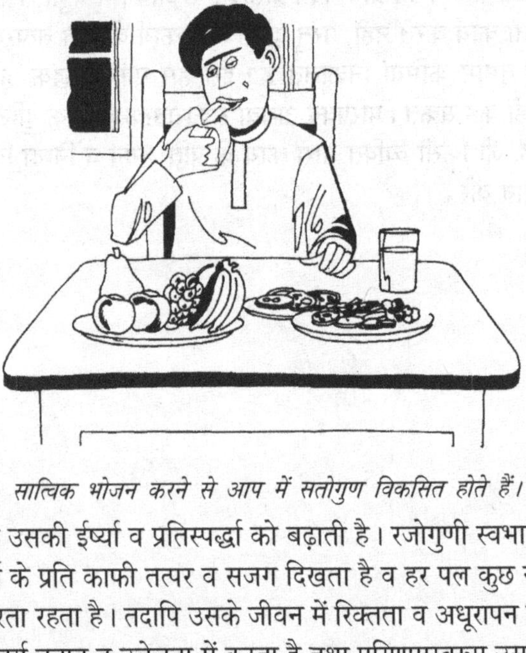

सात्विक भोजन करने से आप में सतोगुण विकसित होते हैं।

है जो हर पल उसकी ईर्ष्या व प्रतिस्पर्द्धा को बढ़ाती है। रजोगुणी स्वभाव का व्यक्ति हालांकि कार्य के प्रति काफी तत्पर व सजग दिखता है व हर पल कुछ न कुछ अर्जन का प्रयास करता रहता है। तदापि उसके जीवन में रिक्तता व अधूरापन बना ही रहता है। वह हर कार्य तनाव व उत्तेजना में करता है तथा परिणामस्वरूप उसकी खुशहाली धीरे-धीरे उससे छिनती चली जाती है।

तमोगुण आलस्य-प्रमाद के साथ-साथ कार्य के प्रति उदासीनता को दर्शाता है। ऐसा व्यक्ति लापरवाह होता है। हमेशा ही निराश रहता है व कोई न कोई चिंता उसे ग्रसित करती ही रहती है। इस प्रकार देखते ही देखते उसकी प्रसन्नता धीरे-धीरे उसका साथ छोड़ देती है।

सतोगुणी व्यक्ति कार्य के प्रति सदैव तत्पर, मेहनती व जिम्मेदार होने के साथ-साथ संतुलित दिमाग वाला होता है। सतोगुण में गुण ही गुण होते हैं। सतोगुणी प्रवृत्ति का व्यक्ति सूप की तरह अपने अवगुणों को निकाल बाहर फेंकता है व सदगुणों को अपने पास रख लेता है।

सतोगुणी व्यक्ति न ज्यादा उत्तेजित होता है और न ही उदास रहता है। वह अपना हर कार्य सजगता व शांति से करता है। वह स्वयं प्रसन्न रहते हुए दूसरों को भी प्रसन्न रखता है।

अगर हम अपना बौद्धिक विकास करना चाहते हैं, तो हमें अपने अंदर सतोगुण को ज्यादा से ज्यादा बढ़ाना होगा। हमारी जीवनशैली सात्विक होनी चाहिए व हमें ऐसे ही वातावरण में रहने का प्रयास भी करना चाहिए। वस्तुतः सतोगुणी जीवन व्यतीत करके ही हम परमलक्ष्य की प्राप्ति कर सकते हैं। इससे हमें आत्मबोध भी होता है।

सतोगुण को बढ़ाने के लिए हमारे आस-पास का वातावरण, प्रकृति, योग-ध्यान-प्राणायाम की क्रियाएं, सत्साहित्यों का पठन-पाठन आदि तमाम बातें महत्त्व रखती हैं।

119. दूसरों की सेवा करते समय स्वयं को नुकसान न पहुंचाएं

सेवा शब्द के पीछे जो भावना निहित है, वह अत्यंत व्यापक और महान है। पर कई बार हम इस महान शब्द के सही अर्थ को समझने में भूल कर बैठते हैं। प्रायः लोग महान व्यक्ति उसे समझते हैं, जो दूसरों की मदद एवं सेवा में अपना सब कुछ न्योछावर कर दे, भले ही इसका खामियाज़ा उसको स्वतः ही क्यों न भुगतना पड़े। इस बात को तो आध्यात्मिकता भी प्रोत्साहित नहीं करती।

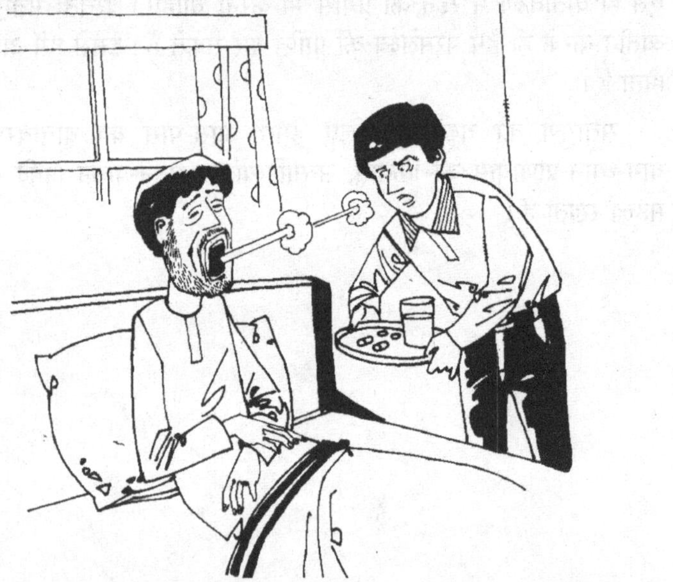

किसी मरीज की सेवा करते समय अपनी सुरक्षा हेतु आवश्यक सावधानी बरतें।

अध्यात्म दर्शन के अनुसार, समाज में रहते हुए जो कुछ भी सेवा आप दूसरों की कर सकते हैं, उसे ज़रूर करें। परन्तु साथ ही यह भी ध्यान दें कि उस कार्य विशेष से आपको किसी प्रकार की क्षति न पहुंचे। यदि आप स्वतः बीमार पड़ जाएंगे, तो भला दूसरों की सेवा कैसे करेंगे? दूसरों की सेवा करने के लिए आपको स्वयं शारीरिक व मानसिक रूप से संतुष्ट होना होगा। मैंने ऐसे बहुत लोगों को देखा है, जो दूसरों की सेवा व देखभाल करते समय प्यार-वश आवश्यक सावधानी नहीं बरतते, और फलस्वरूप वे स्वयं उन बीमारियों का शिकार हो जाते हैं।

अपनी शारीरिक क्षमतानुसार दूसरों की मदद कर देना कोई बुरी बात नहीं है, परन्तु स्वयं को नुकसान पहुंचाकर ऐसा करना निःसंदेह बुद्धिमत्ता का द्योतक नहीं है। दूसरों की मदद भी तभी अच्छी होती है, जब हम स्वयं मानसिक व शारीरिक तौर पर संपुष्ट हों। कुछ लोग इसे स्वार्थ कह सकते हैं, पर ऐसा है नहीं। स्वार्थी की संज्ञा तो हम उस व्यक्ति को दे सकते हैं, जो स्वयं के हित को ध्यान में रखते हुए दूसरों को नुकसान पहुंचाए, जो दूसरों की भावना की कद्र न करे। परन्तु स्वयं की सुरक्षा, विकास व आराम के लिए बिना किसी को कष्ट पहुंचाए यदि कोई कार्य किया जाए, जो उसे हम 'स्वार्थ' नहीं कह सकते।

हां, इतना जरूर है कि मानवता के विकास, समाजोत्थान अथवा किसी निश्चित उद्देश्य की प्राप्ति हेतु यदि किसी अवसर पर राष्ट्रीय हितों को ध्यान में रखते हुए कोई त्याग करता है, तो वह सराहनीय है। क्योंकि ऐसी सेवा में सबका हित निहित है। यदि स्वयं एक के त्याग से बहुतों की सेवा हो सके, तो वह ज्यादा महत्त्वपूर्ण है।

120. जीवन में हर चीज को स्वीकार करना सीखें

जीवन पथ में अकसर ऐसा होता है कि जो हम चाहते हैं, वह मिलता नहीं और जो मिलता है, वह हम चाहते नहीं। यही हमारे तनाव और दुःख का मुख्य कारण बन जाता है। कभी-कभी हम उस समय और व्यथित हो उठते हैं, जब हम किसी परीक्षा में असफल हो जाते हैं अथवा कोई अपना हमें धोखा दे देता है। हम सोचते हैं, 'मैंने तो काफी मेहनत की थी, फिर न जाने मैं कैसे असफल हो गया? उस आदमी के लिए मैंने इतना कुछ किया, इसके बावजूद उसने मुझे धोखा दिया, लोग मेरे साथ ठीक व्यवहार क्यों नहीं करते?'

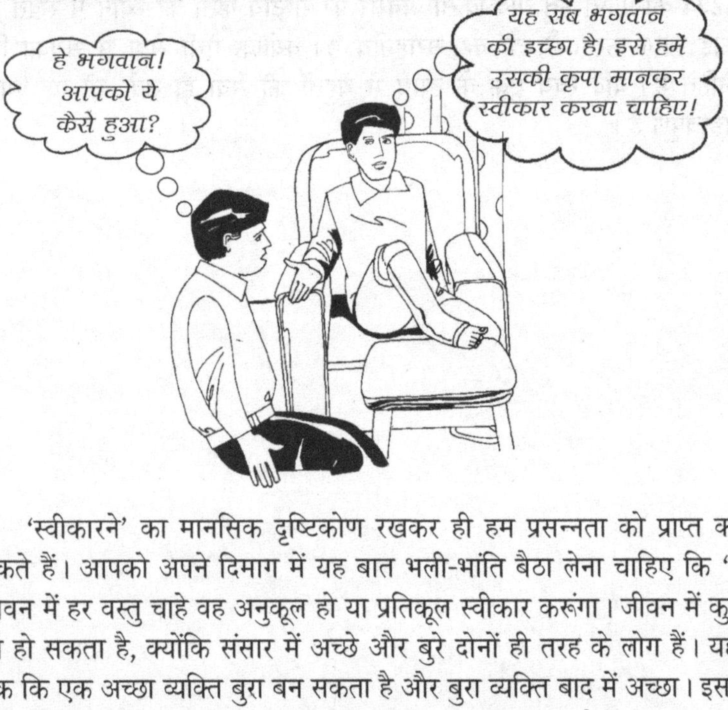

'स्वीकारने' का मानसिक दृष्टिकोण रखकर ही हम प्रसन्नता को प्राप्त कर सकते हैं। आपको अपने दिमाग में यह बात भली-भांति बैठा लेना चाहिए कि 'मैं जीवन में हर वस्तु चाहे वह अनुकूल हो या प्रतिकूल स्वीकार करूंगा। जीवन में कुछ भी हो सकता है, क्योंकि संसार में अच्छे और बुरे दोनों ही तरह के लोग हैं। यहां तक कि एक अच्छा व्यक्ति बुरा बन सकता है और बुरा व्यक्ति बाद में अच्छा। इसमें कोई आश्चर्य नहीं होना चाहिए। जीवन में कुछ भी हो सकता है।

किसी भी परेशानी के समाधान हेतु पहला कदम 'स्वीकार करना' होना चाहिए। परेशानी यह है और इसका निदान यह हो सकता है, ऐसा सोचने और करने से कोई समस्या, समस्या नहीं रह जाती। दूसरा उपयुक्त कदम यह होता है कि आने वाली परेशानियों का सामना करने हेतु उपाय पहले ही सोचे जाएं। अगले कदम को उठाने के पूर्व पहले कदम पर अवश्य विचार करें।

121. बुरे से घृणा मत करें

बचपन से ही हमें ये बात पढ़ायी जाती है ''अच्छे से प्यार करो और बुरे से घृणा।'' तार्किक दृष्टि से भी यह बात परिलक्षित होती है कि जो बुरा है, उससे हम भला घृणा क्यों न करें? धीरे-धीरे दिन-प्रतिदिन हम उन सभी खराब वस्तुओं, बुरे व्यक्तियों एवं घटनाओं को अपने मन में बैठाते जाते हैं, जिनका हमें जीवन में प्रायः कभी न कभी सामना करना पड़ता है। आध्यात्मिकता हमें सिखाती है कि चाहे जो भी हो, हमें किसी खराब व्यक्ति अथवा वस्तु से घृणा नहीं करनी चाहिए।

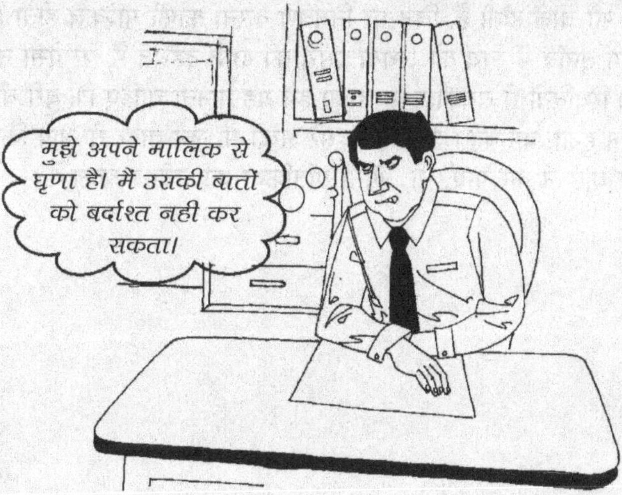

बुरी चीजों से घृणा करने का मतलब हुआ कि न तो आप उस बुरी चीज को ठीक करने के लिए मदद कर रहे हैं और न ही अपने व्यक्तित्व का विकास कर पा रहे हैं। इस घृणा से आप अपने को शारीरिक व मानसिक नुकसान तो पहुंचाते ही हैं, साथ ही आपकी सोच नकारात्मक होती है। कारण साफ है, क्योंकि बुद्धि और शरीर दोनों का ही एक दूसरे से जुड़ाव होता है

घृणा से कभी भी सही संबंध स्थापित नहीं किए जा सकते। क्योंकि जब आप घृणा को मन और बुद्धि में बैठा लेते हैं, तो यह आसानी से बाहर नहीं निकलती। वह बात आपके दिमाग में हमेशा घूमती रहती है।

वस्तु अच्छी हो या बुरी, आध्यात्मिकता दोनों से लगाव तोड़ना सिखाती है। अतः अगर आप घृणा करते हैं, तो उस विशेष वस्तु या व्यक्ति से आपका लगाव कैसे टूटेगा? यह अध्यात्म का एक अनोखा सूत्र है।

बुरी चीजों से सही तरीके से निबटने का तरीका बुराई को घृणा की दृष्टि से देखना नहीं है, अपितु सबसे पहले उसके कारणों का पता लगाया जाना चाहिए। तत्पश्चात् निर्णय लें कि उस बुराई को दूर करने के लिए आप अपना क्या सहयोग दे सकते हैं? यह बात सही है कि दुनिया की हर बुरी चीज का सुधार आप नहीं कर सकते और यह अपेक्षा भी नहीं की जा सकती। हां, जितना आपके सामर्थ्य में है, उतना तो आपको करने का प्रयास जरूर करना चाहिए। यह आवश्यक नहीं है कि आप बुराई को जड़ से खत्म करने की शपथ ले लें।

संक्षेप में हमें यह समझना आवश्यक है कि बुरी चीजों से घृणा न करें व साथ ही अपनी सामर्थ्य शक्ति के अनुसार उसे ठीक करने का प्रयास करें। हालांकि जीवन में ऐसी बहुत सी चीजें होती हैं, जिन पर नियंत्रण करना काफी मुश्किल होता है। कभी-कभी हम तनाव में स्वयं को अथवा दूसरों को दोषी ठहराते हैं, पर ऐसा नहीं होना चाहिए। स्थितियों से समझौता करते हुए हमें यह मानना चाहिए कि बुरी चीज़ से जो नुकसान हुआ, वह बहुत कम था। दूसरे शब्दों में, जब बाहर से आप किसी चीज के लिए कुछ न कर पाएं, तो अपनी प्रतिक्रिया का तरीका बदल दें।

122. दूसरों को आश्रित व अपंग न बनाएं

प्रायः ऐसा देखा जाता है कि दूसरों को प्रसन्न रखने व सम्मान देने के नाम पर, विशेषकर बड़ों को हम उनका काम उन्हें स्वयं नहीं करने देते हैं। आध्यात्मिक सिद्धांत है कि जिसे वास्तविक सहायता की आवश्यकता हो, उसकी ही मदद की जानी चाहिए; अन्यथा हम व्यक्ति को आश्रित व अपंग बनाकर उसकी आंतरिक शक्तियों व आत्मविश्वास का विकास सही रूप में नहीं कर पाते हैं, यही नहीं फलस्वरूप वह जीवन के संघर्षों का सामना कर पाने में पूर्णतः असक्षम हो जाते हैं और उनकी आवश्यकताएं भी पूरी नहीं हो पातीं। दूसरे शब्दों में हम यों कह सकते हैं कि मदद हमें उसकी करनी चाहिए, जिसे वास्तव में आवश्यकता हो ताकि मदद बेकार न जाए।

हमारे परंपरावादी परिवारों में अक्सर ऐसा देखा जाता है कि उम्र में हमसे बड़ा यदि परिवार का कोई सदस्य पानी उठाकर/लाकर खुद पीता है अथवा सामान सुव्यवस्थित करने की दृष्टि से सही स्थान पर रखता है, तो हम प्रायः उसे ऐसा करने से मना करते हैं। ऐसा करके हम उसे अपंग बनाते हैं व उसका आत्मविश्वास कम करते हैं।

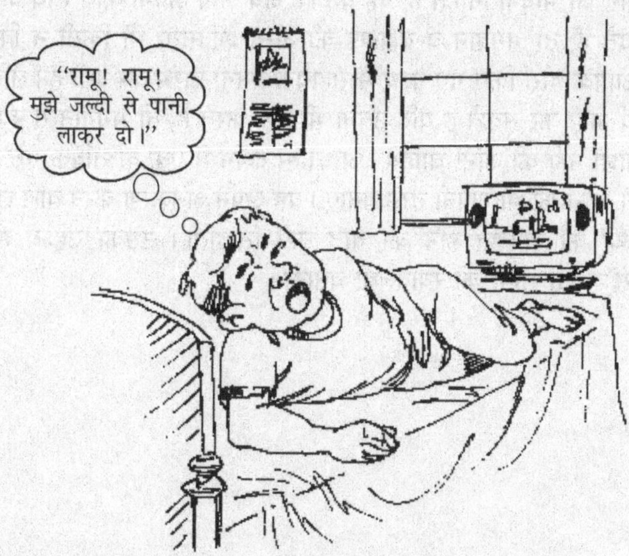

अपने बच्चों को उनका काम खुद करने के लिए प्रोत्साहित करें।

आध्यात्म दर्शन के अनुसार 'जो कार्य आप कर सकते हैं, उसे स्वयं ही करें और दूसरों पर आश्रित न रहें। मदद तभी मांगी जानी चाहिए, जब वस्तुतः आवश्यक हो।' यह सिद्धांत हर व्यक्ति के उम्र पर लागू है। सच्चे वरिष्ठ नागरिक, युवकों से अपनी तुलना करते हुए अपना कुछ कार्य स्वयं कर सकते हैं, परंतु युवकों को किसी भी स्थिति में बड़ों की मर्यादा का पूरा-पूरा ध्यान रखना चाहिए। हमारी संस्कृति में यह सोच कि बड़ों को अपना काम स्वयं इसलिए करना चाहिए, क्योंकि उनकी रखी वस्तु कहीं गुम न हो जाये। यदि ऐसा सोचकर उनसे काम कराया जाता है, तो यह दृष्टि गलत होगी।

प्रायः ऐसे घरों में जहां नौकर रखे जाते हैं, देखने में आता है कि बच्चों के द्वारा छोटे-छोटे कार्यों को करने के लिए नौकर को आदेशित किया जाता है, जिन्हें वे स्वयं भी बड़ी आसानी से कर सकते हैं। यह दृष्टिकोण उन्हें जीवन में परावलंबी बनाकर कष्ट ही पहुंचाता है, क्योंकि उनके कार्यों को करने के लिए हर समय उनके आस-पास कोई दूसरा व्यक्ति हो, यह आवश्यक नहीं। हमें बच्चों को उनके कार्यों को ज्यादा से ज्यादा स्वयं करने के लिए प्रोत्साहित करना चाहिए। यह कृत्रिम अथवा बनावटी न होकर स्वभावतः किया जाना चाहिए।

प्राचीन कहावत भी है कि भगवान उन्हीं की मदद करता है, जो अपनी मदद स्वयं करते हैं। इस सन्दर्भ में हमें और भी ज्यादा से ज्यादा सीखने की आवश्यकता है। इसके पीछे जो भावना निहित है, वह यह कि जब आप अपना कार्य स्वयं करना प्रारंभ कर देते हैं, तो भगवान व ब्रह्माण्ड की अन्य शक्तियां भी किसी न किसी माध्यम से आपके द्वारा किए गए कार्य में सहायक बनना प्रारंभ कर देती हैं। लेकिन जितना कार्य आप कर सकते हैं यदि उतना भी नहीं करते हैं, तो भगवान से ज्यादा मदद की आशा नहीं की जानी चाहिये। आध्यात्म दर्शन में एक वास्तविक गुरु उसे मानते हैं, जो औरों को भी अपनी तरह बनाए। वह अपने अनुकरण करने वाले लोगों अथवा शिष्यों को आश्रित होने की बात नहीं सिखाता। उसका उद्देश्य होता है—ज्यादा से ज्यादा लोगों को स्वावलंबी बनाना।

123. किसी का पक्षपात न करें

कई बार हम अपने जीवन में बड़ी ही आसानी से पक्षपातपूर्ण रवैया अपना बैठते हैं। हम यह भी नहीं सोचते कि किस परिस्थिति अथवा स्थिति में कौन सही है अथवा कौन गलत? किसी व्यक्ति अथवा स्थिति मात्र को देखकर हम एकतरफा फैसला कर कर बैठते हैं। पक्षपातपूर्ण रवैये से निम्न बातें घटने की संभावना रहती है–

1. यदि किसी ने कभी आपके लिए कुछ अच्छा कार्य किया है, तो प्रायः आप उसके प्रति पक्षपातपूर्ण रवैया अपनाते है। आप उसका इतना पक्षपात करने लगते हैं कि चाहे वह गलत हो अथवा सही, हर जगह आप उसकी मदद करते हैं। ठीक उसी प्रकार यदि किसी ने आपका कुछ बुरा किया है, तो आप इसके गलत अथवा सही होने पर भी हर जगह इसका विरोध करते हैं।

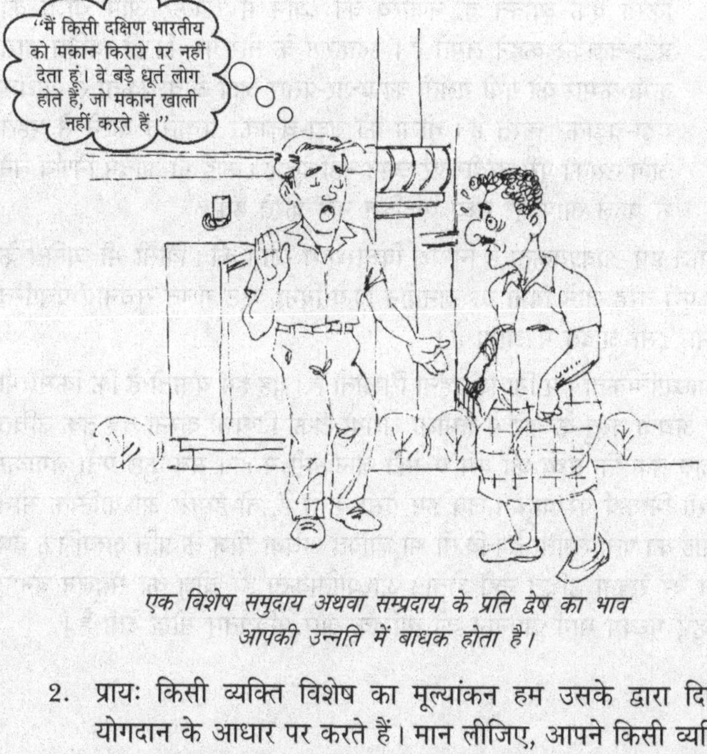

एक विशेष समुदाय अथवा सम्प्रदाय के प्रति द्वेष का भाव आपकी उन्नति में बाधक होता है।

2. प्रायः किसी व्यक्ति विशेष का मूल्यांकन हम उसके द्वारा दिए गए योगदान के आधार पर करते हैं। मान लीजिए, आपने किसी व्यक्ति के एक अच्छे पहलू को देख रखा है। अब उस व्यक्ति के बारे में एक पक्षपाती

व्यक्ति की राय होती है कि उसमें सारे ही अच्छे गुण हैं, भले ही वास्तविकता में ऐसा न हो। ठीक, इसी प्रकार यदि आपने किसी व्यक्ति के बुरे पहलू को देख रखा है, तो आपकी सोच उसके प्रति हमेशा ही बुरी बनी रहती है, जबकि वास्तव में भले ही ऐसा न हो। ऐसा भी हो सकता है कि शायद उसके कुछ अच्छे गुणों की जानकारी आपको न हो।

इस बात का अवमूल्यन आप कई बार बड़े स्तर पर भी करते हैं। उदारहरण के तौर पर, यदि किसी संगठन अथवा सम्प्रदाय के व्यक्ति विशेष ने कोई गड़बड़ी की है, तो कई बार हम उस पूरे संगठन/सम्प्रदाय को जिम्मेदार मान बैठते हैं जो कि सर्वथा उचित नहीं है। ठीक इसी प्रकार यदि आप किसी एक विशेष धर्म में विश्वास रखते हैं, तो आपका रवैया उसके प्रति पक्षपातपूर्ण हो जाता है और हर समय आप उसके उपदेशों को सही ठहराने का प्रयास करते हैं, चाहे वह सही हो अथवा नहीं। वह भले ही बौद्धिकता से भरा न हो, परंतु आप उसे ऊपर रखने का प्रयास करते हैं।

3. किसी एक व्यक्ति के नज़रिये को ध्यान में रखकर आप चीजों को बढ़ा-चढ़ाकर कहने लगते हैं। उदाहरण के तौर पर, किसी व्यक्ति द्वारा कभी-कभार की गयी गलती का प्रचार-प्रसार आप आवश्यकता से अधिक बढ़ा-चढ़ाकर करते हैं। चीजों को बढ़ा-चढ़ाकर प्रचारित करने से पहले आप उसकी पूरी तस्वीर पर ध्यान नहीं देते हैं। कोई भी अंतिम निर्णय लेने से पहले आप पूरे तथ्य एकत्रित नहीं करते हैं।

आज हमें आवश्यकता है निष्पक्ष विचारधारा रखने की। किसी भी व्यक्ति के बारे में पूरी तरह जाने बिना या छानबीन किये बिना, कुछ गलत सूचनाएं प्रचारित कर देना; इसी आदत में आता है।

आध्यात्मिकता हमें निष्पक्ष रहना सिखाती है। यह हमें बताती है कि किसी भी व्यक्ति अथवा वस्तु के बारे में समीक्षा अथवा टीका टिप्पणी करना तब तक उचित नहीं, जब तक कि तथ्य की पूरी व सही जानकारी न हो। सब कुछ पता लगाकर ही किसी निष्कर्ष पर पहुंचे। जब हम ऐसा करते हैं, तो हमारी आध्यात्मिक सोच व ऊंचाई का पता लगता है। किसी भी व्यक्ति अथवा चीज के प्रति अत्यधिक द्वेष भाव व बैर रखना उचित नहीं होता। आध्यात्मिकता हर चीज का संतुलन बनाए रखते हुए मध्यम मार्ग अपनाने की बौद्धिक और पवित्रतम् सीख देती है।

124. कमजोर और असहाय का शोषण न करें

प्रायः ऐसा देखा जाता है कि जो लोग आपसे पैसे अथवा शक्ति के मामले में ताकतवर होते हैं, आप उनके सामने नतमस्तक होते हैं। परंतु जो लोग आर्थिक तौर से कमजोर होते हैं अथवा आपके सान्निध्य में कार्य कर रहे होते हैं, उनके प्रति आपका रवैया उन्हें दबाने तथा शोषित करने का होता है। कई बार ऐसे असहाय लोगों की मदद करने की बजाय आप अपने निहित स्वार्थों की पूर्ति हेतु उन्हें ऊपर नहीं उठने देते व साथ ही साथ चूंकि आप जानते हैं कि वह मजबूर व असहाय है, अतएव अपनी आवश्यकतानुसार उसे कई बार इस्तेमाल करते रहते हैं।

इस प्रकार से असहाय लोगों को शोषित करने का दृष्टिकोण संकुचित मानसिकता को दर्शाता है व आध्यात्मिक ऊंचाई को पैसे और शक्ति के गलत प्रयोग से पाने में मदद नहीं करता। आपको दिमाग में यह भी ध्यान रखना होगा कि पैसे और शक्ति के प्रभाव से संसार में आपके द्वारा की जाने वाली हर बुराई का लेखा-जोखा परमात्मा के दरबार में रहता है। अच्छाई का परिणाम अच्छा, बुराई का बुरा। उसके यहां कोई सिफारिश अथवा प्रभाव कार्य नहीं करता। उसके साम्राज्य में

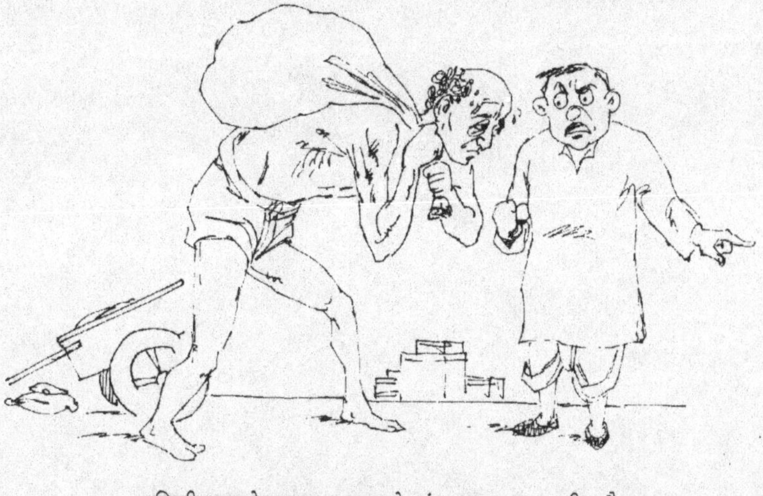

किसी कमजोर व असहाय को तंग करना अमानवीय है।

अमीर-गरीब, शक्तिशाली-कमजोर सबको एक ही तराजू में तोला जाता है। उसके निर्णय में चरित्रबल, व्यवहार व आध्यात्मिक ऊंचाई को ध्यान में रखा जाता है, भौतिक संसाधनों की ऊंचाई को नहीं।

आगे, हमें इस बात का भी ध्यान रखना चाहिए कि सांसारिक जीवन में शक्ति और पैसे की ऊंचाई व नीचाई अस्थाई होती है। सत्ता और संपत्ति का समयानुसार स्थानांतरण होता रहता है। इससे जीवन की वास्तविक ऊंचाई और नीचाई का पता नहीं चलता।

125. बाहरी पूजा-पाठ व कर्मकाण्ड तक सीमित न रहें

हम भारतीय, ज्यादातर पूजा-पाठ व कर्मकाण्ड विधियों में अपनी दिलचस्पी दिखाते हैं। हालांकि यह गलत नहीं है, किंतु धीरे-धीरे यह हमारी बाहरी आदत मात्र एक आध्यात्मिक अभ्यास बनकर रह जाती है, जिसका कोई खास मतलब नहीं रहता। यदि यह पद्धति परमात्मा को याद कर; मात्र श्रद्धा व अभिवादन का ध्येय रखती है, तो इसमें कोई नुकसान नहीं। समस्या तब आती है, जब आपका पूजा-पाठ एक नियत सीमा तक सीमित रह जाता है और आप इसका सही मायनों में विस्तार नहीं कर पाते। जब आप मात्र मूर्ति पूजा तक सीमित रह जाते हैं और आपकी दृष्टि में परमात्मा जब मूर्ति अथवा मंदिर में ही रह जाता है, मतलब आपने पूजा-पाठ, मंदिर व भक्ति भजन का भी पूरा लाभ नहीं उठाया।

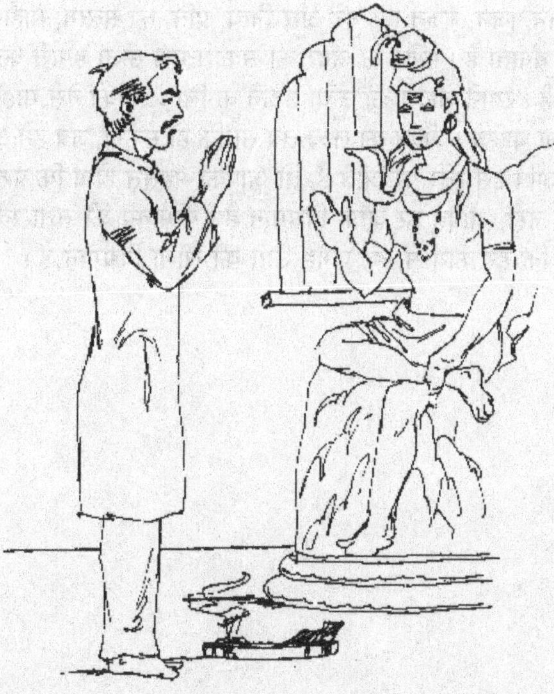

हमारी भक्ति बाहरी पूजा-पाठ तक ही सीमित नहीं रहनी चाहिए।

मंदिर मात्र भगवान की पूजा के स्थान का प्रतीक है। जब आप मंदिर देखते हैं, तो यह भगवान की याद दिलाता है, (विशेषकर प्रारंभिक चरण में)। ठीक इसी प्रकार, सारी ही पूजा-पद्धतियां हमारी सोई हुई आंतरिक शक्तियों को जगाने का कार्य करती हैं, उस परमसत्ता के प्रति श्रद्धानत् होने का एक माध्यम बनती हैं, जिसकी सत्ता समस्त ब्रह्माण्ड में व्याप्त है। जब भी हम पूजा करते हैं अथवा उस परमात्मा की प्रशंसा भजन आदि गाकर करते हैं, तो हमारा अंतःमन शुद्ध व चित्त निर्मल होता है।

मंदिर समेत गिरिजाघर, मस्जिद व गुरूद्वारे या अन्य पूजा स्थलों से हमें एक सकारात्मक कंपन व ऊर्जा मिलती है, क्योंकि यहां की जाने वाली पूजा की हर विधि सात्विक व शुद्ध होती है। ऐसी अवधारणा भी है कि मंदिर में जाकर भले ही थोड़े समय के लिए, परंतु मन और चित्त शांत रहता है, आत्म संतोष मिलता है, सकारात्मक भावना का संचार होता है। बहुत से मंदिरों के निर्माण में वास्तु पद्धति का (जो कि एक प्राचीन व वैज्ञानिक पद्धति है), विशेष ध्यान रखा जाता है। मूर्ति आदि की प्रतिष्ठा भी दिशाओं को ध्यान में रखते हुए ही की जाती है। मंदिरों में लगातार भजन-पूजन, बजते हुए घंटे और नित्य प्रति का सत्संग, माहौल को और भी सात्विक बनाता है। मंदिर के अंदर की सकारात्मक ऊर्जा हमारी कई प्रकार से मदद करती है। अपने जीवन को ऊंचा उठाने के लिए आपको ऐसे माहौल का पूरा फायदा उठाना चाहिये। जीवन का लक्ष्य तब सार्थक हो सकेगा, जब हमें आत्मानुभूति होगी। जब आप इस स्तर पर आते हैं, तो आपको महसूस होगा कि परमात्मा मात्र मंदिरों में ही नहीं, अपितु हर जगह विद्यमान है। परमात्मा की सत्ता स्वीकारने पर आप पाएंगे कि हर कार्य में, हर जगह उसी की लीला विद्यमान है।

126. झूठी तपस्या से शरीर को कष्ट न पहुंचाएं

हमारे देश में कई प्रकार की धर्मिक पूजा पद्धतियां रहीं हैं, जिनके द्वारा उनके सन्यासियों व धर्मावलंबियों को सिखाया गया है कि संसार की सुख-सुविधओं को भोगते हुए भी वे इनसे कैसे दूर रहें? उनका यह कहना भी है कि शरीर की इन्द्रियों को सुख देना एक प्रकार का पाप है। वे इसे भोग कहते हैं और उनके अनुसार इंन्द्रियों को उनके सुखों का परित्याग करना चाहिए। तभी वे शुद्ध व नियंत्रण में रह सकती हैं। कुछ लोग तो शारीरिक कष्ट को तप कहकर कई-कई दिनों तक एक पैर पर खड़े रहते हैं; शरीर को गर्मी व बर्फीली ठण्डक दोनों के बीच कई-कई दिनों तक रखते हैं; बिना कुछ पहने नंगे पांव चलते हैं, कई दिनों तक बिना भोजन के रहते हैं, कंटीले बिस्तर पर सोते हैं। उनका कहना होता है कि इस प्रकार से शरीर को कष्ट पहुंचाकर वे अपने पापों से छुटकारा पाते हैं, और भगवान की प्राप्ति उन्हें शीघ्र ही होती है।

सत्य से दूर कुछ भी नहीं हो सकता है। यदि शरीर के लिए सुख और आराम की आवश्यकता नहीं होती, तो उनके आनंद की अनुभूति हमें भगवान क्यों होने देते। हां, इतना जरूर है कि सुख और आराम की अधिकता आपका स्वास्थ्य खराब कर सकती है। इससे अनेक बीमारियां व मानसिक परेशानियां उत्पन्न हो सकती हैं। कृपया नोट करें कि आध्यात्म में 'संयम' का तात्पर्य होता है, शरीर व इन्द्रियों के ऊपर पूर्ण नियंत्रण पाना। यहां इसे शरीर अथवा इंद्रियों को कष्ट पहुंचाना नहीं कहते।

हम सुख और आराम का आनंद न लेकर गलती यह कर बैठते हैं कि हम उसकी चर्चा कर, उसके बारे में लगातार सोचकर उससे अति

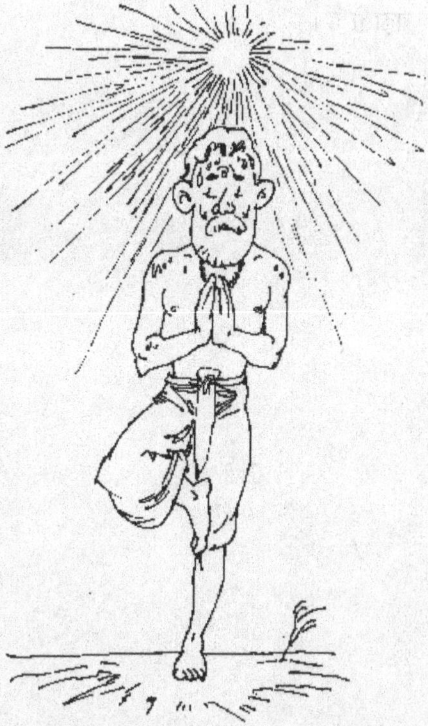

झूठी तपस्या द्वारा शरीर को कष्ट पहुंचाने से अच्छा परिणाम नहीं होता।

निकटतम् संबंध बना बैठते हैं। आप सही समय पर आवश्यकतानुसार उसका आनंद लें, पर आसक्त न हों। उसके बारे में हमेशा सोचना और आकांक्षा का होना ही आसक्ति है।

दूसरी बात दिमाग में यह रखी जानी चाहिये कि प्रसन्नता दो प्रकार की होती है–निचली प्रसन्नता व ऊंची प्रसन्नता। निचली प्रसन्नता को राजसिक प्रसन्नता भी कहते हैं, इसमें द्वेष भरा होता है। इससे निस्सन्देह बचने का प्रयास करना चाहिये, क्योंकि यह शरीर और मस्तिष्क दोनों को नुकसान पहुंचाता है। आध्यात्म में उंची प्रसन्नता उसे कहते हैं, जो शरीर की मूलभूत आवश्यकताओं की पूर्ति करे, ताकि जीवंतता बनी रह सके।

ऊंची प्रसन्नता को सात्विक प्रसन्नता भी कहते हैं। वे पूर्णतया प्रकृति से जुड़े होते हैं और इसके पांच तत्व हैं–आकाश, वायु, जल, अग्नि, पृथ्वी। जितना आप प्रकृति से जुडे रहते हैं, आप सात्विक होते हैं। सात्विक प्रसन्नता आपके मन-मस्तिष्क को शांत व चित्त को निर्मल रखती है। यह आपकी आध्यात्मिक उंचाई को बढ़ाती है।

127. जीवन में किसी चीज का प्रतिरोध न करें

ऐसा कहा गया है कि अगर हम अपनी किसी परेशानी अथवा बीमारी का सामान्य सा कारण ढूंढें, तो एक ही बात पता चलेगी कि अक्सर विरोध की भावना प्रकट करने के कारण ऐसा हुआ। हम जीवन में तमाम चीजों का विरोध करते हैं, विशेषकर उनका जिसको हम पसंद नहीं करते अथवा जो हमें तंग करती हैं। उन चीजों को हम खुशी से स्वीकार करते हैं, जो हमें फायदा, आराम व प्रसन्नता देती हैं।

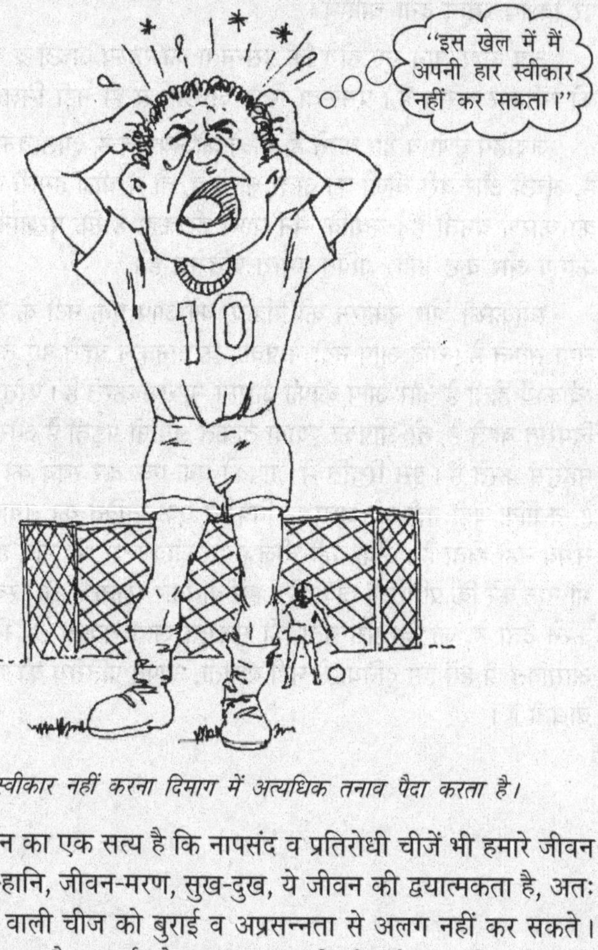

चीजों को स्वीकार नहीं करना दिमाग में अत्यधिक तनाव पैदा करता है।

खैर, यह जीवन का एक सत्य है कि नापसंद व प्रतिरोधी चीजें भी हमारे जीवन में रहेंगी ही। लाभ-हानि, जीवन-मरण, सुख-दुख, ये जीवन की द्वयात्मकता है, अतः अच्छी व प्रसन्नता वाली चीज को बुराई व अप्रसन्नता से अलग नहीं कर सकते। अब इसका निदान क्या है? बुराई और अप्रसन्नता को भी स्वीकार करें। जीवन में

जब आप बुराई की सत्ता को स्वीकर करते हैं, तो तनाव तुरंत दूर भाग जाता है, क्योंकि तनाव का मुख्य कारण वास्तविक समस्या नहीं अपितु मानसिक प्रतिरोध होता है। बाकी पचास प्रतिशत प्रतिरोध के लिए बुद्धिमतापूर्ण बुराई व परेशानी से बचने का उपाय ढूंढ़ें। कृपया ध्यान रखें, बुराई को आप जीवन से निकाल नहीं सकते। आप मात्र बुराई व नुकसान से बचने का रास्ता ढूंढ सकते हैं। जिस प्रकार आप सड़क या गाड़ी चलाते समय गलत चलाने वालों से बचने के लिए अपनी सुरक्षा का पूरा-पूरा ध्यान रखते हैं, ठीक उसी प्रकार जीवन में भी नकारात्मक व नुकसान पहुंचाने वाली चीजों से बचने का रवैया अपनाना चाहिये। आस-पास के वातावरण पर विशेष ध्यान देना चाहिये।

अब आप जान गए होंगे कि प्रसन्नता का रहस्य अच्छी व बुरी दोनों ही चीजों को स्वीकार करना है। प्रसन्न्ता सिर्फ अच्छाई से ही नहीं मिलती है।

जब हम घृणा व द्वेष करते हैं, चीजों को नकारते हैं, आलोचना व शिकायत करते हैं, अच्छी और बुरी चीजों का अंतर करते हैं, तो ये चीजें हमारी अप्रसन्नता व दुःख का कारण बनती हैं। क्योंकि मैंने पहले ही कहा है कि परेशानी अथवा दुःख का कारण और कुछ नहीं, अपितु हमारा प्रतिरोध है।

स्वीकारने और नकारने की प्रक्रिया को आप एक नदी के सदृश्य देखकर पता लगा सकते हैं। यदि आप नदी में प्रवाह के अनुकूल बहते हुए तैरते हैं, तो यह दशा स्वीकार्य होती है और आप काफी आराम महसूस करते हैं। परंतु यदि आप धारा के विपरीत बहते हैं, तो आपको ज्यादा ताकत लगानी पड़ती है और आप बहुत थकान महसूस करते हैं। इस स्थिति में आपको एक-एक कर स्वयं को आराम देना पड़ता है, क्योंकि बड़ी नदी की धारा के विपरीत एक व्यक्ति का लगातार लड़ना (तैरना) संभव नहीं होता है। ठीक यही चीज हमारे जीवन पर भी लागू होती है। कृपया यह भी नोट करें कि प्रतिरोधी दृष्टिकोण हमें बांधकर रखता है और स्वतंत्रता महसूस नहीं करने देता है, जो कि प्रसन्नता की मूलभूत आवश्यकता है। सिर्फ आकर्षण और आसक्ति ही हमें इस दुनिया से नहीं बांधती, अपितु प्रतिरोध की भावना भी हमें इससे बांधती है।

128. नकलची या अनुयायी मत बनें

हम भारतीय प्रायः किसी विशेष वर्ग, धर्म, गुरू अथवा संस्था के अनुयायी बनकर कई बार बड़े गर्व का अनुभव करते हैं व उसे कहते भी हैं। हमें विशेष तौर पर आश्चर्य उस समय होता है, जब कोई कहता है कि मैं किसी का अनुयायी नहीं हूं और स्वतंत्र हूं।

कृपया ध्यान रखें कि यदि आप किसी का अंधानुकरण करते हैं; तो आप कभी भी न तो ज्योतित हो सकेंगे और न ही मुक्ति मिल सकेगी। जीवन का धर्मग्रंथों के अनुसार वास्तविक लक्ष्य मुक्ति ही है। सच्चा सद्गुरु कभी भी अंधानुकरण के लिए प्रोत्साहित नहीं करता है। वस्तुतः यह कहा गया है कि एक सद्गुरु अपने अनुयायियों अथवा शिष्यों की भीड़ इकट्ठा नहीं करता, बल्कि उन्हें अपने जैसा गुरु

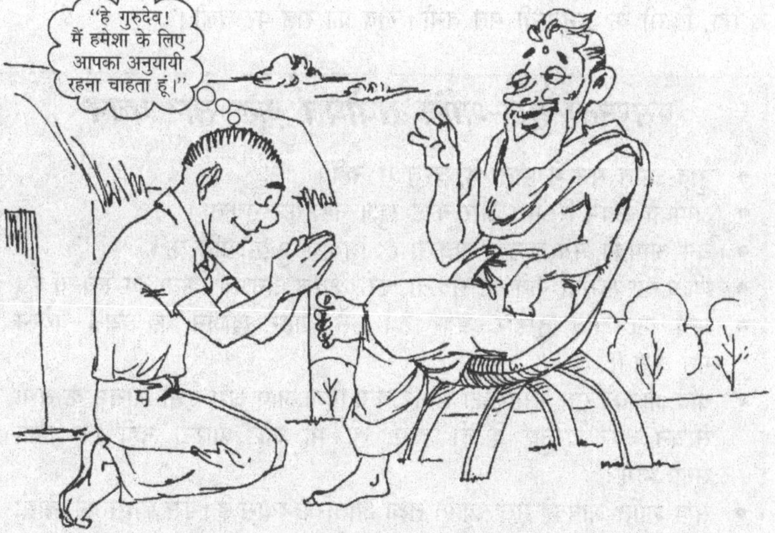

एक अनुयायी सच्चा आनंद नहीं प्राप्त कर सकता।

बनाता है। अनुयायी भेडों के एक झुंड की तरह होते हैं; जो स्वयं की आत्मा को खो बैठे होते हैं और दूसरों के बारे में सोचते हैं कि वे क्या और क्यों कर रहे हैं? यदि आप इतिहास के पन्नों को पलटें, तो पाएंगे कि सच्चे महापुरुषों ने कभी किसी का अनुकरण नहीं किया, अपितु स्वयं अपना रास्ता बनाया। जीवन के सौंदर्य (परमानंद) व वास्तविकता को स्वतंत्र व्यक्तित्व का व्यक्ति ही चख सकता है।

यदि आप वास्तव में आध्यात्मिक बनना चाहते हैं, तो आपके अंदर सीखने का भाव होना चाहिए, एक अनुयायी का नहीं। हमें अपने देश के प्राचीन संत महात्माओं की वाणी व विचार का अनुसरण कर अपने आत्मोन्नति का मार्ग स्वयं के विचारों को शामिल कर बनाना चाहिये। परंतु यह कहकर विश्वास करना कि यह धर्मग्रथों में है अथवा किसी प्रसिद्ध गुरु द्वारा कहा गया है–मान लेना वैज्ञानिकी तौर पर सही तथ्य नहीं है। आपकी स्वयं की शक्ति किसी महापुरुष से कम नहीं है। यदि कोई चीज बिल्कुल सही है, तो भी आपको उसे समझने का प्रयास करना चाहिये और अंधानुकरण करने की बजाय खुद उसे अनुभव करें। उधार में लिये गए ज्ञान को ठीक करें, हो सकता है दूसरों के लिए ज्यादा अच्छा न करे। जिन चीजों को आप वैज्ञानिक अथवा प्रैक्टिकल नहीं मानते हैं, उन्हें अलग करने का आपमें साहस भी होना चाहिए। यह आवश्यक नहीं है कि किसी गुरु अथवा धर्मग्रन्थ द्वारा दिया गया उपदेश पूरा सही व वैज्ञानिक ही हो।

आध्यात्म का यह मूलभूत सिद्धांत है–'सबसे सीखो, सबको आदर दो, सीमित न रहो, किसी के अनुयायी मत बनो। खुद की राह पर चलो।'

प्रसन्नता-सुख-शांति संबंधित कुछ सार वचन

- सुख-शांति मन में होती है, वस्तु में नहीं।
- आपको अपने सिवाय और कोई खुश नहीं कर सकता।
- धन आपको सब कुछ दे सकता है, सिवाय सुख-शांति के।
- खुशी को खरीदा नहीं जा सकता, उसे केवल अनुभव किया जा सकता है।
- सुख का स्रोत तुम्हारे अंदर है। उसे बाहर खोजने का व्यर्थ प्रयत्न मत करो।
- यदि आपको सारे संसार का सम्राट् बना दिया जाए और ऐशो-आराम के सभी साधन और वस्तुएं दे दी जाएं, तो भी कोई गारंटी नहीं कि आप सुखी होंगे।
- सुख-शांति आपकी मूल प्रकृति तथा आंतरिक प्यास है। इस प्यास को किसी सांसारिक वस्तु तथा इंद्रिय सुख से नहीं बुझाया जा सकता।
- तनाव का कारण आपके मन में है। मन को बिना समझे और उसे काबू में किए बिना तनाव को दूर करना असंभव है।
- आप जब तक स्वयं दुखी न होना चाहें, कोई आपको दुखी नहीं कर सकता।
- प्रसन्नता आपका अनमोल खजाना है। छोटी-छोटी बातों और विभिन्न परिस्थितियों द्वारा उसे लुटने मत दीजिए।